COMPANY IS YOUR SHIP

企业就是你的船

金跃军/著

中华工商联合出版社

图书在版编目(CIP)数据

企业就是你的船 / 金跃军著. -- 北京：中华工商联合出版社，2020.10
ISBN 978-7-5158-2844-2

Ⅰ.①企… Ⅱ.①金… Ⅲ.①企业-职工-职业道德 Ⅳ.①F272.921

中国版本图书馆CIP数据核字（2020）第166212号

企业就是你的船

作　　者：	金跃军
出 品 人：	李　梁
责任编辑：	胡小英　马维佳
装帧设计：	周　源
责任审读：	郭敬梅
责任印制：	迈致红
出版发行：	中华工商联合出版社有限责任公司
印　　刷：	北京毅峰迅捷印刷有限公司
版　　次：	2020年10月第1版
印　　次：	2022年 7 月第3次印刷
开　　本：	710mm×1020mm　1/16
字　　数：	150千字
印　　张：	12.5
书　　号：	ISBN 978－7－5158－2844－2
定　　价：	49.00元

服务热线：010－58301130－0（前台）
销售热线：010－58302977（网店部）
　　　　　010－58302166（门店部）
　　　　　010－58302837（馆配部、新媒体部）
　　　　　010－58302813（团购部）
地址邮编：北京市西城区西环广场A座
　　　　　19－20层，100044
http://www.chgslcbs.cn
投稿热线：010－58302907（总编室）
投稿邮箱：1621239583@qq.com

工商联版图书
版权所有　侵权必究

凡本社图书出现印装质量问题，请与印务部联系。
联系电话：010－58302915

[前　言]

　　1997年6月,一艘名叫"本福尔德号"的美国导弹驱逐舰,正经历着严重的水兵士气消沉状况,大部分人已经厌倦了长期待在这艘船上,只想着尽快退役。这是舰长迈克尔·阿伯拉肖夫担任舰长前,所面临的真实状况。但仅仅两年时间,他让这艘船全体官兵上下一心,士气高涨,最终使得"本福尔德号"成为人人尊敬的王牌驱逐舰。

　　这其中发生了什么?

　　迈克尔·阿伯拉肖夫上任后,告诉全员士兵:"这是你的船,所以你要对它负责,你要让它变成最好的,你要与这艘船共命运,你要与这艘船上的所有人共命运。所有属于你的事,你都要自己来决定,你必须对自己的行为负责!"

　　在这种主人翁精神的感召下,每个人都努力维护维系着自己生存和发展的这条船,每个人都不会为自己未来的命运而懈怠半分。

　　从此,"这是你的船"成为"本福尔德号"的口号,船上全体成员团结协作,最终把这条船打造成了最好的船。

今天，"这是你的船"的口号仍不过时，随着全球商业竞争的愈演愈烈而更显珍贵。企业这条船在时而平静、时而汹涌的商海中沉浮不断，船员的安全、荣誉、希望和未来也随之跌宕起伏。要让承载着全体船员的这条船可以有效避开暗礁、适时扬帆，最终抵达胜利彼岸，就需要全体船员的团队协作精神、极致的较真精神、高效的创新方法，也需要对细节的专业把控、零缺陷的执行能力。

如果你还没有把所在企业真正地当作自己的船，没有以主人翁的精神以船为家，不懂得一荣俱荣，一损俱损的道理，只是身在船板机械化地被动执行命令，这条船早晚会消失在风云变幻的商业大潮中，而你的命运也可想而知。

有人说，大树底下好乘凉，所以既然选择要乘的船，就一定选择一条大船、好船。因为这样的船体积大、吨位足，能抗击更高级别的暴风骤雨，有安全性；这样的船也舒适、美观，意味着人人羡慕的社会高阶层。

实际上，无论什么船，都有它的优劣势，从个人成长来讲，小船尽管看似缺乏安全性，也往往容易被人忽略，但是这样的船，可以很好地让自己在基础层面打下扎实的基础，也有足够多的机会，工作起来也更具灵活性。大船的确在安全感和经验值上遥遥领先于其他中小船只，也有着漂亮的社会印象，但是这也需要我们具备足够的硬实力才能与之匹配，何况大船的辗转腾挪都有其僵化性，尽管滔天巨浪下可以安然无恙，却容易在温水煮青蛙的安定感中忽然倒下。

不管如何，船的大小都不是核心问题，最重要的，无论你踏上了哪条船，都应该在了解其环境利弊的前提下，投入自己的工作热情。与其说选择船，不如以一颗船员、水手的心态去接纳船、融入船，最终与承载你不断成长的这条船，同舟共济。

2011~2016年，华为的收入翻了一番，达到近600亿美元，这种核裂变式的发展速度令竞争对手都感到惊讶。有分析指出，华为这种爆炸性的增长，有一部分原因要归功于员工的牺牲精神，特别是华为"卓有成效的奋斗者"们。他们牺牲了假期，放弃了加班工资，甚至冒着生命危险在推动华为这条大船的快速发展。

全球疫情严重情况下，每天船的前行都不同程度受到了阻碍，尽管如此，华为这条大船依然在大海上平稳地航行，尽管偶尔会遇到一些狂风骤雨，但是正因为有全体华为人以船为家的主人翁精神，华为每次都能化险为夷。

纽约最著名的纺织品公司费特曼公司将自己的企业比作一条冰海里的船。在这家公司，无论是办公室，还是生产车间的墙壁上，到处都可以看到这样一幅招贴画，画上是一条即将撞上冰山的轮船，在画面下方写着一行十分醒目的字："只有你，才能挽救这条船。"这个公司多年来都经营得特别好，员工待遇也相当高，就是因为这家公司所有的员工一直以来都与公司共命运，他们知道，掌握公司命运的不仅仅是董事会成员，更是他们自己。

一家公司，只有每个人都能做到"公司兴亡，我的责任"，这样的公司才能真正取得胜利，并且能够永远领先于别人。因为，如果公司的每个员工都能主动负责，天下哪有不兴盛的公司？哪有不团结的组织？

在费特曼公司，如果灯泡坏了，哪个员工看见了，就会自己掏钱去买一个安上；窗户玻璃坏了，员工自己马上买一块换上。不是把责任推出去，而是揽过来。企业就像在大海中航行的船，舵手和船员、船长和船员的关系，是生死与共的关系，企业如果在风浪中倾翻掉了，那么不仅老板要受损失，员工也要受损失。

企业是船，你就是船上的船员。在飓风、狂狼和冰山等险象环生的无垠大海中，你的忠诚心和自动自发的工作精神时刻都在接受挑战。准备好以一颗战斗者的船员、水手之心，在船长、大副、二副们的带领下，迎接风雨的考验了吗？

记住：这条船上，你不是乘客，不管你所做的工作是会计、销售、策划、库管、经理、研发、保洁或者保安，你都是一名与公司有着共同命运的船员，这条船的未来也承载着你的未来，因此，请你做出百分百的努力吧！

目 录
Contents

第一章 企业是船，我在船上：以船为家，同舟以航 ...... // 001

爱护维系自己生存和发展的这条船 ...... // 002

大船最需要阿甘式船员 ...... // 007

站在船长的角度考虑问题 ...... // 012

主动向船长汇报工作 ...... // 016

认真的船员绝不要滑头 ...... // 020

第二章 心怀感恩，深沉如海：无怨无悔，打理航船 ...... // 025

带着感恩的心去工作 ...... // 026

以实际行动取代无休止的抱怨 ...... // 030

永远欣赏自己的船长 ...... // 035

感恩困境：让自己从船员成长为船长 ...... // 038

无论何时，都不要忘记感恩 ...... // 042

第三章 同舟共济,共克时艰:忠于职守,初心如一 // 047

终极职责:誓死与船共存亡 // 048

坚决服从船长指令 // 053

忠于自己,忠于船 // 057

时刻想着开源节流 // 060

提升自我,才能更好地服务于"船" // 064

第四章 安全行船,责任第一:事无内外,关注船况 // 069

只要负责,工作可以100%出色 // 070

敢担当:船上的事就是我的事 // 073

主动负责,不分内外 // 077

看结果:船的状况就是你的状况 // 081

负责到位,就要全力以赴 // 085

第五章 团队协作,深海无敌:舍小顾大,信任共融 // 089

一滴水融入大海才不会干涸 // 090

团队精神:超强船队的核心保障 // 095

没有个人行为目标,只有船队共同目标 // 099

搭建彼此信赖的基石 // 105

良好沟通:确保船队高效率运行 // 110

第六章 细节无漏，驶万年船：超高标准，厘清盲角 ...... // 115

  魔鬼藏于细节中：绝不在细节处翻船 ...... // 116

  绝不做"差不多"船员 ...... // 120

  把简单的工作做到极致 ...... // 125

  较真精神：把细节做好做精 ...... // 128

  高标准：打造心中的旗舰 ...... // 131

第七章 高歌猛进，一往无前：创新方法，提速增效 ...... // 135

  始终以最佳的精神状态工作 ...... // 136

  灵活船员：随机应变，手脑并用 ...... // 140

  巧干能捕雄狮，蛮干难捉蟋蟀 ...... // 144

  成功=创新+实干 ...... // 148

  掌握最常用的5种创新方法 ...... // 153

第八章 乘风破浪，拒绝拖沓：赢在执行，贵在到位 ...... // 161

  任何借口都是在推卸责任 ...... // 162

  一次性把工作做到位 ...... // 168

  赢在开局：起跑决定后程 ...... // 172

  拖延：令船翻人亡的恶习 ...... // 177

  管理好时间，才能管理好你的船 ...... // 182

第一章

企业是船，我在船上：
以船为家，同舟以航

爱护维系自己生存和发展的这条船

大船最需要阿甘式船员

站在船长的角度考虑问题

主动向船长汇报工作

认真的船员绝不耍滑头

爱护维系自己生存和发展的这条船

2020年的时光刚刚过半,全球性疫情的发展态势似乎仍然未见明朗,此时,大部分企业的发展都不同程度地受到疫情的影响,很多员工工作热情逐渐减退。如果把企业比作一条商海中沉浮的大船,显然这些船员正因为汹涌不定的巨浪侵袭而愈发士气低迷。

时间指针倒回到1997年6月,一艘名叫"本福尔德号"的美国导弹驱逐舰,也正经历着严重的水兵士气消沉状况,大部分人已经厌倦了长期待在这艘船上,只想着尽快退役。这是迈克尔·阿伯拉肖夫担任舰长前,所面临的真实状况。但仅仅两年时间,这位舰长让全体官兵上下一心,士气高涨,最终使得"本福尔德号"成为人人尊敬的王牌驱逐舰。

这其中发生了什么？

迈克尔·阿伯拉肖夫上任后，告诉全体士兵："这是你的船，所以你要对它负责，你要让它变成最好的，你要与这艘船共命运，你要与这艘船上的所有人共命运。所有属于你的事，你都要自己来决定，你必须对自己的行为负责！"

在这种主人翁精神的感召下，每个人都努力维护维系着自己生存和发展的这条船，为了自己未来的命运每个人都不敢懈怠半分。

今天，我们身处波澜壮阔的市场海洋里，我们身处企业这条大船上，是否意识到，我们也正如"本福尔德号"上的士兵一样，对这条依托我们自身命运的平台产生发自内心的爱护和投入，我们是否也与共同奋斗的其他成员心系一处，互为协同，各自努力？我们是否真的想到，如果没有公司这条船，船上所有的人都将无法生存，如果我们有幸换一条船，这样的心态是否还会和之前在那条船时的命运相似？

2015年6月，早已宣布"登山告一段落"的企业家王石出现在深圳欢乐谷海岸，参与了皮划艇水上活动，实际上，近年来他一直在积极参与赛艇训练和组织相关赛事，实现他的航海梦想。

在《十三邀》节目的访谈中，他说自己以前不会和弱者一起玩，因为当时的他是一个极其强势的人，骨子里瞧不起弱者。但当他去剑桥读书参加皮划艇运动时，他学会了怎么去平衡整个团队，因为强者一味的强会改变整个皮划艇的方向，偏离既定轨道导致翻船。只有配合弱者的力才能保持整个团队的平衡，让皮划艇朝着目标方向前进。

航海和经营企业有惊人的相似之处，一个企业的发展需要不同层级的员工共同努力，就像一条船在迎风前行时，必须要全体船员协同努力，各司其职，才能顺利抵达彼岸。王石从管理者的角度经由航海运动体会到了协作的重要性。

今天，作为一名普通职员，当你加入了某家企业，道理也同样如此。当你踏上了这条前进中的船，你踏上的那一刻，就是你船员身份自我认同的那一刻。从此，在这条船上，你将与其他船员共同面临莫测的海况，是满载而归还是触礁搁浅，取决于你是否做到与其他船员共同努力、同舟共济。

被称为华为"芯片女皇"的何庭波，从北京邮电大学硕士毕业后，成为华为的一名普通工程师。

从小就是"学霸"的何庭波，把学习的那股拼命劲也用在了工作上。在华为，她比一些男性工程师都要拼命，因此不少人都称她为"拼命三郎"。也正是在这种工作态度下，何庭波很快就做出不小的成绩。这引起了任正非的注意。

2004年，任正非成立海思公司，并任命何庭波为总裁，由她主导芯片的研发工作。这是何庭波最为难忘的成长经历之一，她回忆说："做这件事情非常难，一开始搞不出，搞出来了又跟先进产品相比差距比较大。"那段时间，她的压力非常大，经常整夜整夜睡不着觉。但是她从不把压力传导给员工，一个劲地鼓励大家要坚持下去，只要一直努力就一定能成功。

经过多年的努力，何庭波带领团队不断攻克技术难题，终于造出了自己的芯片，为华为的发展做出了巨大的贡献。

个人的成长离不开公司这个平台，离不开领导的提拔，当然也离不开团队同事的帮助。也正是公司为他们提供了自我发展的空间和实现自我价值的平台，才使得更多"何庭波"有机会在为公司贡献智慧的同时，依靠平台点燃自己的理想之光。

当然，你可能会说，"何庭波"们再普通，也是工程师打底，如果自己还达不到那么高的技能，公司的发展中，自己也就不会有什么可以贡献的机会。

我们来看来自华为，名叫张金的另一个例子。

张金学历不高，只是一名普通的技术员，但是他却是实践经验丰富的代表。一次，公司有一个项目必须排查处理网上几个VIP的话音质量问题。要想处理好这类问题，工作人员必须完成扛扫频仪、爬铁塔、调天线等高风险和高难度的工作。这等苦差事，别说找不到人，就是找到人了，也不见得愿意干。最后，当时负责网络优化工作的张金主动承担起了这个重任，他白天正常处理工作问题，晚上还要参加关于工作进展的会议，忙得连轴转。

连续多日的紧张工作，让他看起来衣衫不整，灰头土脸，就像是一个泥瓦匠，但张金对此却并不在意，在他看来，不管是衣着光鲜的白领，还是满身泥泞的泥瓦匠，最重要的，都是做出实实在在的成绩来。

一条船，需要不同职位和技能的船员，每一个人都应该在自己所处的职位上，竭尽所能贡献属于自己的那份热情、技能和专注。只要心系这条船，所有的思考和行动都是在为自己打造这条"船"，你的同事、老板和客户就与你有了深度链接。你投入的精力越多，你所能发挥的作用就越大，也就越会设身处地地觉察到这条船运行的速度和质量。

今天，无论你已身处船板之上，还是准备踏上这条船上，你都应再次发自内心地问问自己：我是否准备好了要将自己的命运和这条船捆绑在一起？如果你的答案是坚定的，那么，就请面对自己内心的答案，做好以船为家，不让它中途抛锚的准备，为此，请贡献你自己全部的能力吧，你值得为此贡献你的全部能量，毕竟，这里也蕴藏着你的梦想之光！

第一章　企业是船，我在船上：以船为家，同舟以航

大船最需要阿甘式船员

　　一条大船安全行驶在海面，是很多无名船员默默坚持、奉献和努力的结果。没错，谁都希望自己可以在这条船上成为指挥船员的船长、大副、二副、三副等等，但是如果没有密切的分工协作，人人都是指挥官，这条大船会自动、安全且高速地行驶在海面上吗？

　　因此，真正的大船往往最需要阿甘式船员的付出、坚持和对于本职工作超人的投入精神。认识到这一点，无论对于个人还是整个团队，都意义重大，很多商业大佬也都表达出对于"阿甘"的欣赏及对阿甘精神的积极倡导。

　　2014年，阿里集团在美上市，马云在接受CNBC采访时说，他心中的英雄是阿甘，《阿甘正传》看过不止10遍，来纽约之前他又

再次看了。"我想我是阿甘,每当感到挫败感的时候,我都会看这部电影。因为它告诉我,不管发生什么,你都是你!"

2015年1月,他出席达沃斯经济论坛的"对话马云"环节,讲到自己早年处处碰壁的经历时,他再次提及阿甘。他说,2002年,当他正为如何走电子商务这条路发愁时,看到了《阿甘正传》,"人生就像一盒巧克力,你永远不知道下一颗是什么味道。我很喜欢这句台词,要相信你正在做的事,不管人们是否喜欢。"

周鸿祎在2015年年初发给全体员工的新年信中说:"就像阿甘一样奔跑。阿甘不聪明,但他倔强、执着、坚韧。无论其他人怎么看,怎么想,他都会坚持奔跑下去。永不放弃,就能得到好的结果。"

2015年4月20日,俞敏洪在绿公司年会演讲时称,"我特别喜欢《阿甘正传》里的阿甘,我这个人不算太聪明,其实马云也不算太聪明,否则我们两个人不会高考考三年。《阿甘正传》里有一句话我特别喜欢:我知道我不够聪明,但是我知道爱在什么地方。所以在座的每一个人,只要对自己的生命投入真正的热爱,对你周围的员工和管理者以及朋友投入真正的热爱,对企业,对你的事业投入真正的爱,对你的客户,你的衣食父母投入真正的爱,没有任何商业模式是变不过来的,因为商业模式是外在的,而爱在你的内心"。

2014年6月,任正非首次接受国内媒体采访时说,"年轻人要简单,阿甘就是一个傻孩子。别人说你要好好向雷锋学习才有希望,他就向雷锋学习了，当了班长。然后还要学，就变成排长，才有机会当连长、营长。作到旅长、军长后……他就能把社会的负能量变成正能量。"

同样在达沃斯会议上，他与马云不约而同地讲起阿甘："华为从上到下都是大傻瓜，为什么呢？好不好都使劲干，因为人多了，自然而然就能给你摸到这个方向，而且我们号召大家听听外面的东西，这个社会阿甘很可爱，这个社会不需要太多聪明人，如果满社会都是聪明人，谁来种粮食？"

看来，阿甘精神真正地影响了这些商业领袖，然后发自内心地倡导员工也成为阿甘式的员工，这无论对个人、对公司乃至对一个民族都会带来巨大的影响。

当年，任正非选择自主创业时，并不了解市场的他，认为通信行业产业大，应该好干，就一头撞了进来。进来以后才发现，这个行业的产品太精准化了，这对于小企业来说，非常残忍。爱立信的CEO曾经不解地问任正非："为什么要选择通信行业这个门槛这么高的行业？"

任正非诚实地回答："自己并不知道这个行业的门槛这么高。"换作一些聪明的人，对待这样的事情，可能会选择及时止损，另谋他路，可任正非偏偏有些"傻"，他相信，只要付出了，就会有回报，所以既然走进了这个行业，就应该勇敢地继续走下去。

事实证明了，任正非的做法是正确的，如果他当初稍微"聪明"一些，那么恐怕就没有今时今日令全世界瞩目的华为了。

而在华为内部，任正非也经常用"阿甘精神"去鼓励员工。他教导那些年轻人，不要太在乎社会对自己的评价，也不要担心没人肯定，白白做贡献。他要华为员工相信是金子总会发光，但要学会无私地贡献，最终一定会有结果。

公司发展困难时期，很多人感觉华为要倒闭了，或是觉得那些更大的公司才是他们的理想之地，所以纷纷选择辞职，偌大的办公室里，几乎都要空了。但仍旧有一些人选择了留下来，他们没日没夜地加班，却甘愿拿不高的薪水。当华为起死回生时，这些能够放弃自己的利益，与华为共患难的员工，最终都成了华为元老级的人物，收获了最初想都不敢想的财富和荣誉。

还有刚刚加入华为的新生代员工，他们也多是在蜜罐中长大的独生子女，没有在成长时期经历太多苦难。进入华为后，除了薪资和能力上的增长外，他们最大的收获就是能够吃苦了。

华为在巴格达拓展业务时，办公楼刚刚盖好，他们还没有搬进去，就遭遇了炸弹袭击，其中华为的三名员工就在现场，被炸的满身是泥，满脸是土，当他们汗流浃背地从硝烟中逃生出来时，发出来的照片，仍旧是一脸灿烂的笑容。

除了面临这种生死的考验外，华为人还要经受当地严峻生活条件的考验。在刚果建立基站时，由于基础设施薄弱，很多地方连最基本的公路都没有，而项目交付的工作都是在野外。他们常常要连续驾车好几天，才能到达工作地点。如果赶上条件恶劣的野外站点施工，甚至连基本的吃喝问题，都得不到解决，只能靠自己带水和干粮，吃住都在车上。当时的刚果办事处服务工程师高学新，因为长期野外工作，操劳过度，多次染上疟疾，但是他从来没有喊过一声苦，依旧坚持在最前线。

任正非说，奋斗的路上，没有终点可循，华为的成功，也没有所谓的秘密，不过就是一个"傻"字，像阿甘一样，认准一个方向，朝着目标，不计回报地付出与投入。

身处大船之上的我们，是不是也应该多一点阿甘精神，才能在遇到负能量时，化负为正？

站在船长的角度考虑问题

一条船的船长负责船上乘客的安全，负责这条船的行驶方向，也负责把每位乘客顺利送到目的地。可是一个船员如果不站在船主的角度考虑问题，那他就会像一名普通的乘客一样，到点上船，到点下船，而从来不与这条船建立除此之外的任何关系。我们常常看到那些做一天和尚撞一天钟的员工，就是因为他们始终抱持着乘客心理所致。

你可能会问，我已经完成了我的工作，为什么要站在船长的角度考虑问题呢？会有什么益处吗？或者说，不这样做会有什么弊端吗？

如果你在身为船员的同时，站在船长的角度考虑问题，你就有了不同的面对问题的视角、解决问题的思维和结果，你就知道今日如日中天的海底捞，每个员工为何个个热情、积极和自觉，因为他们知道自己的利益与公司的利益是绑定在一起的，自己把公司当作所爱的家去经营，就是要从各个角度去照顾好前来消费的客人，只有全体家人一起努力，才能遇到什么问题全都主动解决。

所以，当海底捞的一名员工因照顾其他客人而临时缺位时，马上就会有另一名员工主动补位。他们为客人带孩子、擦皮鞋、挂衣服，为客人积极建议增减餐，甚至给那些失恋的客人送暖心玩具，让一只萌萌哒的猫咪来温暖对方。

试想，如果不是站在"船长"的角度，这些极具爱心和创意的细节又是如何生成的呢？比尔·盖茨经常强调："我们常常讲的主人翁精神，是一个员工做具有天然禀赋，具有这种精神的人，他的个人利益和公司利益是一致的。"

要知道，船长是关系整条船持续发展且需要根据实际情况调整战略方向的人，是能在瓶颈发展阶段，快速想到如何破局的人。如果我们能够具备这样的思维意识，我们的工作就具有了更为积极的开拓性和主动性，我们会为整个团队的发展而思考问题，会不局限于眼前短期利益而不懈努力。

现在再来看看不能站在船长角度考虑问题的弊端所在。

张震和侯军是一家公司的员工，一次他们两人因不满老板的任务安排，分别去和老板沟通，结果与老板发生了冲突。张震直接顶撞老板，态度明确地表示：这样安排工作对于他不公平，工作强度那么大，薪水与付出不成正比。除非给他加薪，否则他宁可不干也不愿意接受这项任务。在这次沟通中，张震虽然成功了，但事后却不知道该怎么面对老板。

侯军向老板表示自己不满的方式很委婉，但老板却始终不肯接受他的观点，依然强硬地让他接受任务。侯军无奈之下不情愿地开始工作，付出了相当大的努力才勉强完成工作，而且事后还大病一场，严重地影响到了身体健康。

案例中，两人与老板的沟通都不尽人意。出现这种问题虽然有多方面的原因，但最大的原因是彼此都是站在自己的角度考虑问题。老板分配任务的时候，考虑的是谁可以胜任并能创造出最大利益，因为他要对整个公司负责；而员工通常考虑的是，这项工作是不是自己的职责，能否为自己带来更大的收益。

也正是如此，只要员工在接受任务时表现出一丝不情愿，都会被老板看作是推卸责任、找借口。这时，老板就会强令其执行，这样一来，员工自然更难接受，这也是张震和侯军与老板沟通失败的基本原因。如果他们能够转换思维，站在老板的角度考虑问题，或许就能够理解老板那样安排的用意所在了，这样一来，也就不会与老板发生激烈的冲突了。

员工与老板之间经常会出现一些工作上的冲突，多数冲突的原因是因为不满意老板的工作安排。而实际上，有时候老板的工作安排确实存在不合理的地方，但员工想要表达自己的观点时，依然要站在老板的角度去考虑问题，这样就能分析出他要达到的目标，然后据此向老板分析其中利弊。老板就会开始反省自己的安排是否真的合理。此时，员工应该及时递上优化后的方案供老板参考，这样一来，老板就会彻底打消你是否在推脱工作的质疑，如果你的方案足够好，他必然会予以采纳。

假如你被老板批评，首先应该站在老板的角度看问题并反省自己，如果依然发现不了问题，不妨征询身边同事的建议，如果大家一致认为你错了，这时你就应该向老板主动承认错误，既给了老板尊重，又消除了自己委屈。

既然如此，从今天起，学会站在船长的角度去考虑问题吧。

主动向船长汇报工作

一个优秀的船员总能及时向船长汇报工作，以方便船长了解最新工作动态，及时掌控时局发展。在很多企业也都有"早请示晚汇报"的规定，以方便安排整个船队的工作进度。

但是，这样一则规定却让很多员工深感厌烦，感觉多此一举，甚至严重束缚了自己的工作手脚。实际上，请示与汇报并不意味一个人的能力不行，而是通过这种方式让自己积累更多的工作经验。

从另一个方面来说，一个员工要想得到来自上级的信任和赏识，除了认真做好分内之事外，很重要的一点就是主动向老板汇报你的工作情况。主动汇报工作，能帮你及时发现一些潜在的问题并及时解决，这样就能最大程度地避免损失。

假如你是一家企业的老板，你手下有这样两名员工：一个员工总是有计划地向你汇报工作中的具体情况，并征询你的意见，有时候他即使出差，你也不会觉得他离开了你，他仿佛就在你眼前工作一样，因为你几乎掌握了他当天全部的工作部署，所以对他十分放心；而另一个员工，他既不会向你汇报工作情况，也很少出现在你面前，而他给你的印象，则永远是一副忙碌的样子，可你不仅无法知道他具体在忙什么工作，而且还不知道他当天的工作状态如何，甚至你有时候还会想，他会不会假借出差之名躲到家里休息？遇到这样的员工，你自然不会放心。那么现在，如果让你选择一个员工并委以重任，你会选择谁呢？

所以，我们不应该忽视主动汇报工作这件事情，管理层正是通过这些细节，既能对不同的员工进行打分，看出你是否认真对待了工作，同时也能通过员工的汇报，掌握全局以及各项工作的进展情况。

黄海是公司里有名的工作狂，他有时候为了完成一项任务，可以通宵工作。近几日，黄海正为了一个策划方案忙得昏天暗地，即使工作中遇到了再大的难题，他也从来不向同事求助，更没有向老板说明，而是选择与难题死磕。他总觉得如果求助同事，会让对方看低了自己；如果把困难告知老板，岂不是一种无能的表现？

出于这样的考虑，黄海开始没日没夜地加班，终于攻克了难题，完成了任务。当他黑着眼圈把策划方案交给老板时，并没有得到他所期待的赞扬。只见老板把方案从头至尾仔细看了一遍，轻轻地哼了一声，表示基本认可，然后十分严肃地说："这次工作任务比我计划的完成时间晚了一个星期。你要知道，时间就是金钱，如果公司人人都是你这种效率，那公司还能存活吗？你也知道，很多工作只要用时间一点点去做，最后都能有结果。可问题是，我们根本没有那么多时间。"

黄海听到这样的答复，心里既难过又失望，觉得委屈极了，工作中的劳累和困难他尚且能够忍受，可是老板那番挑剔的话让他十分寒心。一连几天，他工作的时候都无法打起精神，脑海里总是不断回响着老板之前的那番话。

黄海之所以会有这样的处境，归根结底就是没有主动向船长汇报工作。工作中出现一些仅凭自己能力难以解决的难题是很正常的，这时候最应该做的就是向老板说明情况，获得他的帮助。有了新的力量加入，自然会找到解决难题的金钥匙。

案例中的黄海面对难题，既没有寻求同事的帮助，也没有向老板说明。如此一来，老板自然就不会知道他所面临的难题，所以，老板在不知情的情况下，说的那番话尽管有些刻薄，却也合情合理。

如果黄海当时能够及时把自己面临的难题向老板说明，老板一定会根据实际情况予以帮助，这样一来，黄海既能在规定时间里完成任务，又不至于那么辛苦。可惜的是，只因碍于情面，黄海选择独自面对难题，最后虽然完成了任务却未按时交差，以至让自己受到满腹委屈，真可谓是得不偿失之举。

因此，我们要积极尝试去做一个主动向船长汇报工作的船员，哪怕这条船上并没有这样的一条规定，我们也要通过汇报沟通，让老板知道你的工作进度，以及存在的问题和困难。如果这些问题和困难自己能够解决，就可以及时让老板知道你的工作能力；如果自己不能解决，又可以及时向老板请教。

要知道，对于船长来说，他不可能把所有时间都用在监督船员身上，即使有这个时间，恐怕精力也不允许。但这并不代表他不想知道船员在干什么。

如此说来，及时汇报自己的工作情况，也是与老板进行沟通的一种极佳方式。也只有把及时汇报与踏实肯干结合起来，才能在工作中取得重大突破。

认真的船员绝不耍滑头

这个世界上不存在不劳而获的事情,纵观古今中外,那些名留青史的人物在事业上取得的所有成就,都是通过自己努力工作得来的。

在德国历史上有位被世人称为"铁血宰相"的奥托·冯·俾斯麦曾说过这样一句令人印象深刻的话:"我对青年的劝告只用三句话就可以概括,那就是,认真工作,更认真工作,工作到底。"这位在19世纪统一德国,并成功地使德意志帝国称霸欧洲的政治家和外交家,在为青年指明成功之路时,却仅仅用了三句同样的话,着重强调了认真工作的重要性。

认真工作不要滑头,这是成功的唯一方法。而那些喜欢在工作中偷奸耍滑的人,只是愚蠢地把自己的聪明才智用错了地方,工作不认真,最后往往是聪明反被聪明误,落得一个可悲的结果。

有一个非常知名的木匠，他一生建造了许多令人赞叹的房子。后来由于年龄大了，他想告老还乡，以享天伦之乐。他把辞职的想法告诉了老板，老板听了以后虽然非常不舍，但见他去意已决，也只能同意他的请求。但是老板有一个要求，他想请老者帮他完成最后一间房屋的建造工作再离开。

老木匠虽然有些不情愿，但碍于面子，他还是答应最后再为老板修建一次房子。因思乡心切，老者在建造房子的过程中偷工减料，花尽心思去糊弄，很快就将房子建好了。当老者向老板交差后，准备收拾东西回家的时候，老板却交给他一串钥匙，并动情地对他说："你是我见过的最好的木匠，这房子就送给你作为奖励。你可以把这座房子当成颐养天年的地方，这样以后我来看望你的时候也方便一些。"

老木匠拿着那串钥匙顿时呆住了……

集中一段时间，投入全部精力认真工作很难，而从踏上某一条船就自始至终都认真工作，那就更难。对于认真工作一生却偷奸取巧一时的老木匠来说，真可谓是负了老板的一番苦心和美意。

在职场中，想通过偷奸耍滑来升职加薪，或者赢得上级的重用无疑是痴人说梦。因为老板之所以能够成为老板，一定有他的过人之处，一个员工是否偷奸耍滑，只要他愿意，一定能够发现其行径。

所以，要想在工作中取得一定成就，首先要明白，聪明只是一张漂亮的糖纸，认真才是实干的内核。也只有摆正心态，剔除偷奸耍滑的想法，踏实、认真地工作，不断积累经验，最后才能踏上成功之路。

汤姆·布兰德起初只是美国福特汽车公司一个制造厂的杂工，32岁时就升到总领班的职位，成为福特公司最年轻的总领班。汤姆·布兰德能取得这样的成绩，与他始终认真工作的态度是分不开的。

汤姆·布兰德在20岁那年进入福特汽车制造工厂。从上班的第一天开始，他就对工厂生产流程做了一个详细的调查和了解。他知道一部汽车，从零件的组装到出厂，大约需要13个部门联手合作才能完成，而每一个部门的工作又完全不同。

了解到这些情况后，聪明的汤姆·布兰德就开始想：看来要想在汽车领域内干出一番事业，就必须熟悉整个汽车制造的流程和工序。于是，他主动向公司提出申请，愿意从最基层的打杂工作做起。当时福特汽车公司的杂工还不是正式工人，不仅薪水低，而且没有固定的工作场所，哪里有杂活，他就要及时去处理。但正是在这份工作中，他与工厂的各个部门多少都有了一些接触，并对各个部门的工作性质有了初步的了解。

汤姆·布兰德干了一年多的杂工后，又申请调到发动机部工作。没过多长时间，他就学会了组装发动机的技术。后来他又申请调到车床部、椅垫部、车身部工作。在不到5年的时间里，他几乎做过工厂里所有部门的工作。最后他又申请调到装配线上去工作。

汤姆·布兰德的老父亲见儿子工作这几年，干得都是一些杂活，不禁开始担心他的前途："儿子啊，你都工作5年了，可总是做一些喷漆、制造零件的小事，你觉得再这样下去会有前途吗？"

汤姆·布兰德笑着解释说："我的目标并不是当某个部门的小头目。我是以领导整个工厂为目标，所以必须多花一些时间去了解生产制造汽车的整个流程。我正在把现有的时间做最有价值的利用。我要学的，不仅仅是如何制造汽车的某个零件，而是如何制造整辆汽车。"

当汤姆·布兰德觉得自己具备了一定领导才能后，决定在装配线上大干一番。这时，他的优势就显现出来了，因为他熟悉制造零件的流程，也能辨别出零件的优劣，这为他的装配工作提供了很大的帮助，没有多久，他就成了装配部的主心骨。很快他就晋升为装配线的领班，并逐步成为15位领班的总经理。

常言道，天道酬勤。意思是说，上天会按照每个辛勤付出的人回报相应的酬劳。一分耕耘，一分收获，只要愿意付出足够的努力，那么就算付出的努力暂时没有获得回报，将来有一天也会得到相应的回报。

天鹅之所以能在水中展现出轻松优美的姿势，是借助于水下脚掌不断划动。我们不能只注意到它表面的优美，就忽略了它在水中不断努力划水前进的双掌。把聪明才智用在"刀刃"上，认真做好眼前的工作，成功才能水到渠成。

第二章

心怀感恩，深沉如海：
无怨无悔，打理航船

带着感恩的心去工作

以实际行动取代无休止的抱怨

永远欣赏自己的船长

感恩困境：让自己从船员成长为船长

无论何时，都不要忘记感恩

带着感恩的心去工作

"感恩"这个词我们并不陌生,字典对"感恩"的解释是:对别人所给的恩惠表示感激。感恩让人们逐渐仁爱、宽容起来并减少各种摩擦,化解彼此矛盾,缩短双方距离,增强合作的亲密性。

"谁言寸草心,报得三春晖"、"谁知盘中餐,粒粒皆辛苦",这些诗句让我们很小的时候,就将感恩深入骨髓。于是,我们开始懂得"滴水之恩当涌泉相报"、"吃水不忘挖井人"、"得人花果千年香,得人恩惠万年记"等。

爱默生说:"人生最美丽的补偿之一,就是人们在真诚地帮助别人之后,也帮助了自己。"所以,应该伸出你的手去帮助别人,而不是伸出脚去试图绊倒他们。

感恩之心既是一种良好的心态,又是一种奉献精神,当你以一种感恩图报的心情工作时，你会工作得更愉快，你工作的能力也会有明显的提高。

一位公司的优秀职员曾说："是一种感恩的心情改变了我的人生。当我清楚地意识到我无任何权利要求别人时，我对周围的点滴关怀都怀抱强烈的感恩之情。我竭力要回报他们，我竭力要让他们快乐。结果，我不仅工作得更加愉快，所获帮助也更多，工作更出色。我很快就获得了加薪升职的机会。"

其实，每一份工作中都存在许多宝贵的经验和资源，如失败的沮丧、自我成长的喜悦、温馨的工作伙伴、值得感谢的客户等等，这些都是工作中必须学习的感受和必须具备的财富。如果你能每天怀抱着一颗感恩的心情去工作，在工作中始终牢记"拥有一份工作，就要懂得感恩"的道理，你一定会成为出类拔萃的员工。

普通办事员晓琳在谈到她被破例派往国外公司考察时说："我和他虽然同样都是研究生毕业，但我们的待遇并不相同，他职高一级，薪金高出很多。庆幸的是，我没有因为待遇不如人就心生不满，仍是认真做事。

"当许多人抱着多做多错、少做少错、不做不错的心态时，我尽心尽力做好我手中的每一项工作。我甚至会积极主动地找事做，了解主管有什么需要协助的地方，事先帮主管做好准备。因为我在上班报到的前夕，父亲就告诫我三句话：'遇到一位好老板，要忠心为他工作；假设第一份工作就有很好的薪水，那你的运气很好，

要感恩惜福；万一薪水不理想，就要懂得跟在老板身边学功夫。'

"我将这三句话深深地记在心里，自己始终秉持这个原则做事。即使起初位居他人之下，我也没有计较。但一个人的努力，别人是会看在眼里的。在后来挑选出国考察学习人员时，我是惟一一个资历浅、级别低的办事员。"

可见，在职场中不管做任何事，都要把自己的心态回归到零：把自己放空，抱着学习的态度，将每一次都视为是一个新的开始，是一次新的经验，不要计较一时的待遇得失。一旦做好心理建设，拥有健康的心态之后，不论做任何事都能心甘情愿、全力以赴，当机会来临时才能及时把握住。

一份感恩的心情基于一种深刻的认识：公司为你展示了一个广阔的发展空间，公司为你提供了施展才华的场所，你对公司为你所付出的一切，都要心存感激，并力图回报。你要喜爱公司赋予你的工作，全心全意、不留余力地为公司增加效益，完成公司分派给你的任务。同时注重提高效率，多替公司的发展规划构思设想。

在公司面临暂时的经济困难时，你也要想办法帮助公司渡过难关。你要学会维护公司的形象，替公司说话。当一些客户有了抱怨时，你要真心地替公司接纳一切，并妥善处理，为公司赢回可能丧失的信誉、信用等等。

你对同事的宽容和爱心也体现出你对公司的热爱。何况，同事也是你最亲密的伙伴，是助你成功的最坚实的力量，对于他们的点滴帮助，你要学会说"谢谢"；对于他们所遭遇的困难，你要竭力帮助，尤其是你要真诚地与他们合作。有了付出，必有回报。当你满怀感激，忠心地为公司工作时，公司也一定会给你相应的回报。

以实际行动取代无休止的抱怨

有位哲人说,世界上最大的悲剧和不幸就是一个人大言不惭地说:"没人给过我任何东西。"请问你是这样一个张嘴就抱怨别人不帮助,抱怨自己运气不好的人吗?

已逝英国著名物理学家史蒂芬·霍金说过:"气恼我自己的残障,是在浪费时间。人生必须不断往前走,而我到目前为止表现得还不错。如果你一直在生气或抱怨,别人也不会有空理你。"

虽然,抱怨能暂时缓冲一下剧烈的心理冲突,但终归于事无补。长期的抱怨情绪,只会迷离自己的突围方向,使自己的精力处于松散而无所依托的状态,让时间的巨齿啃噬自己的青春。

W·戴埃在《你的误区》一书中说:"抱怨责怪徒劳无益。你可以尽情地抱怨别人,拼命地责怪他人,但对自己不会有任何帮助。抱怨的唯一作用是为自己开脱,把自己情绪的不快或消沉归咎于其他的人或事。然而,抱怨本身是一种愚蠢的行为。"

其实,世界上没有绝对令人满意的工作,所谓的公平和机会都是自己争取的。尤其是工作,就是通过不断解决问题彰显自己的价值,从而实现人生价值的一种有效途径。所以,只有停止抱怨,转变心态,积极努力地去面对工作,才能有一番收获。

李霖是标准的"90后",家境不错,从小养尊处优,没有受过什么挫折,一直顺利地读到大学。大学毕业后,在父母的帮助下,他顺利进入一家大公司工作。刚工作没两个月,李霖就冲父母抱怨:"就怪你们,当初硬是让我去这家公司,说这家公司有很多锻炼的机会。但我每天除了给别人端茶倒水之外,就是收发文件,这分明就是个打杂的嘛!"

虽然对自己工作不满意,但李霖没有更好的出路,只能坚持继续做着自己认为低端的工作。半年后,公司将李霖调到市场部做销售经理助理。这是李霖参加工作以来的第一次升迁,本来是可喜可贺的事情,可李霖却不满足,和朋友抱怨说:"我这份工作,说好听一点是个助理,说难听一点,就是一个跟班的。除了每天看经理的脸色之外,还得陪他应酬,每天很晚才能下班,根本没法好好休息。"

李霖的朋友宽慰他说:"工作就是解决难题的,工作要是享受的话,那就不叫工作了。"

时间过得很快,眨眼间两年就过去了。在大学同学聚会上,李霖见其他同学都混得不错,羡慕的同时,又有几分嫉妒,再想想自己的处境,觉得自己已经被埋没了。事后,他又向同事不断抱怨:"我有很多同学,能力还不如我,可他们现在不是薪水比我高,就是工作比我好。真是太不公平了!"

起初,同事们还把他的抱怨当成一种倾述,有人还宽慰他,但大家渐渐地不愿意听他的抱怨了。

第三年的时候,李霖时来运转,成了公司一个项目的负责人。这下,他可高兴坏了,认为一展身手的机会到了,于是兴冲冲地去赴任。可是没过多久,他就打电话向老板抱怨说:"这里环境太差了,市场开拓工作艰巨,人员又少,我觉得自己有些力不从心……"

老板默默地听了李霖一连串的抱怨后,没有生气,只是淡淡地说:"工作就是不断解决难题的,如果你觉得难以胜任,大可以让出位置,重新当回助理。"说完就挂了电话。

如果李霖从一开始就怀着一颗感恩的心踏踏实实地把眼前的工作做好,也就不会天天抱怨了。或者当老板提拔他为某个项目的负责人的时候,即使工作再难开展,如果他不抱怨,把这次工作当成一次锻炼自我的机会，或许就会出现更好的结果。

职场中，像李霖这样一瓶子不满，半瓶子咣当的人很多，他们自命不凡，小事不愿意做，大事又做不来，还整天抱怨自己生不逢时，总是找不到好工作。

有个澳大利亚少年15岁开始在麦当劳打扫厕所；19岁那年，成为澳大利亚最年轻的麦当劳店面经理；27岁成为麦当劳澳大利亚公司副总裁；43岁成为第一位非美国人的麦当劳公司掌门人，也是麦当劳最年轻的首席执行官。他就是麦当劳历史上的传奇式人物——查理·贝尔。

贝尔早年家境贫寒，在麦当劳打扫厕所时，他没有抱怨工作又脏又累，总是认真踏实地干活。当时麦当劳澳大利亚公司的奠基人彼得·里奇把贝尔的行动看在眼里，他告诉贝尔："清洁是麦当劳的四大经营方针之一，你从事的是麦当劳最伟大的工作。"贝尔由此懂得了自己工作的意义，更加勤奋地工作。

最终，彼得·里奇推荐贝尔参加了麦当劳的职业培训。培训结束后，里奇又把贝尔安排在店内各个岗位"全面摔打"。就这样，贝尔从扫厕所开始，一步步晋升为公司高层。

一个没有学历也没有特殊背景的人最后为何能成为麦当劳全球掌门人？很大一部分原因是因为贝尔并没有轻贱和抱怨自己所从事的工作，而是把这份工作当成自己事业的开端并努力做到最好，最后终于获得了成功。

可见，一个人如果想在工作中有所成就，首先应该做到不抱怨，因为一味地抱怨不仅解决不了问题，还会让事情变得更加糟糕。与其处处挑工作的毛病，还不如挑自身的毛病，并努力提升自己的能力，只有这样才能迎来新的机会。

企业家崔万志虽然天生残疾，却能高呼："不抱怨，靠自己"。这不仅是他成名的演讲主题，更是他不屈服命运的宣言。他经历坎坷无数，做过小贩，开过书店、百货店、网吧，但均以失败告终，尽管如此，他从来没有抱怨过，依然坚忍不拔地冲锋在创业路上，又投身互联网，最终大获成功。他创办的蝶恋女装品牌于2010年被阿里巴巴评为"全球网商三十强"，2011年，他本人被评为"安徽年度十大新闻人物"之一。

大量事实证明，工作中，只有停止抱怨，改变心态，积极地面对工作，最后才能成为真正懂得感恩脚踏实地的优秀船员，否则，一味抱怨，只能离自己的目标越来越远。

永远欣赏自己的船长

在你眼中,你觉得你的船长是怎样的一个人呢?船长那些特质和魅力让你感觉值得追随吗?你发自内心地当面表达过自己对他的赞美和欣赏吗?

培根说过:"欣赏者心中有朝霞,有露珠和常年盛开的花朵;漠视者冰结心城,海水枯竭,丛山荒芜。"欣赏是一种给予,一种馨香,一种沟通与理解,一种信任与祝福……

一次,屠格涅夫在无意中看到了一篇精彩的文章,而经他打听,其作者只是位无名小辈。然而,屠格涅夫始终不放弃,在找到了作者的姑母后,对她说:"你的侄儿是一位奇才,相信他一定能够在文坛上闯出一番辉煌,请他一定要继续创作。"这位青年万万没想到自己的信笔涂鸦竟得到了大作家的赏识。从此,他在创作之路上走得更坚定了。他便是后来享誉世界的列夫·托尔斯泰。

如果没有屠格涅夫的欣赏和成人之美，世上就少了一位颇具盛名的思想家，少了一些颇具意义的书籍，少了许多忠实的读者。

作为领导我们全体船员前行的船长，自然有他的过人之处，因此作为一名船员，应该从欣赏的角度去发现他的优点和长处。在上司身上找寻一些令自己欣赏的地方，可以把许多怨气消除，更重要的是可以学到自己没有的长处。

中文专业毕业的李欣，第一份工作是在一家中型电池生产公司当文员，由于马虎，她打印的文件中经常出现错别字。公司老板张总每次都会用红笔帮她逐一圈出。终于有一次，张总忍不住因为文件再次出错而大发脾气，李欣被骂得涕泪横流。

事后李欣坚决辞职离开了这家公司，跳槽到另外一家小公司做同样的文员工作。说来奇怪，自从被张总责骂后，李欣在处理文件时，总会留意措辞的精准、标点符号的正确使用。不久，李欣仔细认真的态度和出色的表现，让新老板给她加薪了。那天下班后，李欣满怀感恩地给张总发了条短信："当年我在你手下做事的时候，不懂得珍惜你的指导，不懂得欣赏你的严谨，现在我在新岗位中取得成绩的时候，才发现你对我严格要求的好。"

的确，很多人是在离开原来公司之后，才发现之前管理者对自己严格要求所收获到的真正益处。现在，不妨学会欣赏我们的老板，用赞许的目光、真诚的语言、理解的微笑、理性的思考、踏实的行动，从大处着眼，去发现和感受老板身上的闪光点。

玛格丽特·亨格佛曾经说过："美存在于观看者的眼中。"你对他人的想象，往往是以自己对他人的期望为基础的。倘若你相信一个人是出众的，那你就看到他身上美好的人格品质；倘若你不这么认为，就算他身上具有很多优点，你也很难看到。要知道，他人积极的一面，是需要你用积极的心态去发现的。

一位负责招聘的管理者曾这样说："要判断一个人的思想是否成熟，心胸是否宽大，只需要看他对刚离职的那份工作的评价就可以了。如果一个人满腹抱怨，对过去的老板批评不断，甚至恶意中伤，那无论如何，我都不会录用他。"

"或许有些老板真的过于苛刻。让人无法忍受，你是被迫离职的。"他接着说道，"但是，聪明的做法是不去谈论那些不愉快的旧事，也不要因为自己的不公平待遇而到处抱怨。"

感恩困境：让自己从船员成长为船长

不想当将军的士兵不是好兵，同样，不想当船长的船员也不是合格的船员。从普通到优秀，再从优秀到卓越，每一阶段的成长都需要我们持续的努力。

那么，多抓住你所在"船"的发展机会，尽管它可能还不那么牢固，还随时可能有被巨浪打翻的危险，但就请在这样的困境中努力成长，以此努力实现自我从"船员"到"船长"的升级吧，终有一天你会感恩给你提供全方位成长的困境。

肖本平就是这样从一名普通挖煤工的"船员"成长为带领全体船员前进的"船长"，他这一路是如何走来的呢？

肖本平出生在一个贫苦的农民家庭。因交不上学费，他初中就辍学了。婚后育有两个孩子，生活越发困难了。

看到肖本平的生活如此窘迫，肖本平的老乡牵线搭桥，让肖本平顺利进入黄石胡家湾煤矿，成为了采煤三区的挖煤工。该煤矿采煤沿用的是传统的采煤方法，效率低下，每个月只有700元的基本工资。

采煤工基本任务为每人每月55吨，肖本平除了完成基本任务之外，还额外增加了出煤量，所以第一个月他就领到了1400元的工资。

在矿井里有大小工之分，小工指的是纯靠体力吃饭的挖煤工人；大工指的是从事打眼、放炮、安支架等比较有技术含量的工人。肖本平不甘心从事小工的活，所以只要看到老师傅打眼，他就去扶钻杆，只要看到放炮员装药，他就跑上去学。由于肯努力，他仅仅用了半年时间就学到了别人五年才学到的技术。一年后，经过工友推荐，他全票当选为组长。

2006年，采煤区一组的采煤量连续出现下滑，矿区领导想尽了各种办法也没能改变这种情况，无奈之下想到了肖本平，何不叫他来试一试呢？在肖本平的努力下，仅仅一个月，该组不但超额完成了任务，而且总产煤量一跃成为全煤矿第一。

煤矿是特殊行业，所以安全方面尤为重要。肖本平每天总是第一个到达作业地点进行安全方面的检查，一旦发现安全隐患立马整改。在工作中，他多次帮助工友纠正违章操作，多次及时处理各种大型安全隐患，做到事故为零，工作满分。

由于表现出色，肖本平由普通挖煤工一路升至党支部书记。

2008年肖本平被评为全国优秀农民工；2010年被授予全国"五一"劳动奖章；2012年当选为党的十八大代表。

可以说，肖本平正是在最初并不太好的那条船上最终实现了从工作到人生的全面逆袭，真正从一个普通船员成长为带领全体船员前进的"船长"。

出生于1937年的科林·鲍威尔自幼在读书方面没有显示出多少天赋，但是继承了父母勤奋的基因。19岁那年，鲍威尔利用暑假在长岛一家百事可乐工厂做兼职，工作内容是擦掉洒在地上的糖浆。工厂超级严格的工作要求令很多人无法胜任，鲍威尔必须十分拼命才能将这份工作做到最好。

暑假结束后，老板对他的表现十分满意，并询问他明年是否愿意再来工作。鲍威尔当然愿意，只不过他提出了一个要求——不再当勤杂工。

第二年暑假，他如愿成为了流水线上的工人。多年后，他在《我赢定了：鲍威尔生活和领导的艺术》一书中，这样解释了他当时的成功："不管工作多辛苦，不管喜不喜欢做，喜不喜欢某个老板，喜不喜欢工作的环境和伙伴，我都会竭尽全力做到最好。"

1958年，鲍威尔从纽约市立学院毕业后，成为一名军人。在军队中，鲍威尔始终保持了在百事可乐工厂时所形成的工作作风：努力、认真、从不懈怠。

鲍威尔的优秀表现使他不断高升，并最终受到了总统的青睐。1987年12月，鲍威尔被任命为国家安全顾问。两年之后，又被老布什总统任命为参谋长联席会议主席，晋升四星上将。

科林·鲍威尔是美国第一位黑人四星上将和第一位黑人国务卿，同时也是历史上最年轻的参谋长联席会议主席，又在美国四任总统班子中分别担任过高级职务。

鲍威尔的成功当然离不开他自身的努力，但是也正是在百事可乐工厂的那条"船"上，强化了他努力的程度和质量，正是那条"船"的工作经历养成了他良好的做事风格，塑造和完善了他本来的性格特质。

每个人的发展不同，有的人可能在每个阶段会踏上不同的"船"，但是请在你工作的初期阶段，在可能改变你命运轨迹的最初始的那条"船"上，借由它来升华和完善自己的潜力和特质，无论从个人还是团队，都能让自己持续自我突破，以此掌舵自己的命运之舟。

如此，困境也就成为了我们自我逆袭人生的摇篮，让我们发自心底地感恩于这样的困境吧！

无论何时,都不要忘记感恩

每个船员成长为优秀三副、二副、甚至更大职位的船长时,必然经历了"战场"的多次洗礼,他们多从实战中经由船长的支持、信任,才一步步走到胜利、辉煌的那一天。

10年前,有这样一个人,只见了马云一次面就"忽悠"了马云10个亿。然而,之后的几年,除了一直花钱,并没有取得任何成果。一时间,千夫所指。所有人都说他是:"骗子""疯子""大忽悠"。唯有马云力排众议,选择了相信他。

10年后,他带着"阿里云"出现在世界面前。没有人能想到,一个中国人,能造出"亚洲第一、全球第三"的云计算。估值更是达到4500亿人民币。曾经的"骗子",凭实力,逆袭成阿里巴巴的"扛把子"。这个人,就是王坚。

1999年,离开学校的王坚,进入了微软的亚洲研究院。在微软亚洲研究院，王坚深受比尔·盖茨的信任。他带的组是研究院里，当面和比尔·盖茨讨论问题最多的小组。

2007年，已经是微软亚洲研究院副院长的王坚，出席了阿里召开的"网侠大会"。那次碰面，王坚告诉马云："如果阿里还不掌握技术，未来将不会有它的身影。"一句话，让马云记住了王坚，觉得自己遇到了一个比自己还懂阿里的人，也是阿里最最需要的人。

2008年，王坚被马云挖了过来。空降阿里，成为高管，职位是阿里的首席架构师，首要任务就是为阿里输出技术。

加入阿里以后，王坚提出了一个在中国从未有人做过的构想——"阿里云构想"。那一年，中国人还不懂得云计算意味着什么，因此有人公开怀疑他是骗子。加上他本身不会写代码，还是做心理学研究的，空降阿里并成为高管，何况是拿着巨款在做一件看似极不靠谱的事情，这一切，都使得阿里人对他充满了越积越多的不满。

的确，他的想法太超前了，就像腾讯总裁马化腾所说："可能要过个几百年、几千年，到阿凡达的那个年代才有可能会实现'云计算'这项技术。"所有人都觉得那是很久远的事情，自然也理解不了他的想法，面对一系列的质疑，他甚至都不知道该怎么解释。

几年过去了，王坚团队没有任何成果，更多的人加入质疑阿里云前景的阵营中。最为冲突的一次，是马云支持总裁会时，有人当场站出来说道："马总，你不要听王坚在那瞎扯，这个所谓的云计算简直是胡闹，咱们阿里就是来了一个骗子，您知道吗？"

曾经微软的红人如今成了群讽的对象，更要命的，王坚的团队经过几年的鏖战，转岗的转岗，离职的离职，他几乎成了"光杆司令"。2012年在阿里云年会上，王坚像个委屈的孩子一样，哭得泣不成声。

他说："这两年我挨的骂比我一辈子挨的骂还多。但是，我不后悔。只是，我上台之前看到几位同事，他们以前在阿里云，现在不在阿里云了……"

但庆幸的是，马云选择相信了他。马云在会上说："博士的不足大家都知道，但博士了不起的地方，估计很少有人知道。假如10年前我们就有了博士，今天阿里的技术可能会不一样。"并允诺每年投十个亿，投个十年，让王坚放心做。当然，这也是很多阿里人不解、不满和质疑的最大原因。

得到马云承诺的那一刻，王坚对马云充满了感激，他带着剩下的工程师成员，拼命去工作。

2013年，王坚终于成功了。这一年，王坚用自己的技术，助天猫破了百亿，还帮助阿里巴巴在全球拿下了超过140万的客户，遍布了电子商务、数字娱乐、金融服务、医疗、气象、政府管理等领域，为阿里进军全球打开了一条新通道。

2016年，阿里云为37%的中国网站保障安全，为全球76.5万用户提供云计算和大数据的服务。目前在国内排名第一，全球第三。

而王坚，再也不是别人口中的"骗子"，取而代之的是，被称为"阿里云之父"。

2018年,王坚创造的阿里云收入213.6亿元,相比2017年的111.7亿元几乎增长100%,占据了中国43%的市场。

2019年11月22日,中国工程院2019年院士增选结果公布,阿里巴巴技术委员会主席、阿里云创始人王坚入选工程管理学部院士。

王坚的经历很好地说明了,一个船员必须经历多次艰难困苦以及重大挫败,才能真正成为指挥千军万马的船长。而在成为新"船长"之前,老船长的支持又是多么重要。所以,无论何时,都不要忘记感恩老船长的支持。

每个取得卓越成绩的人都曾经获得过别人的许多帮助。你应该时刻感激这些帮助过你的人,感谢上天的眷顾,感谢老板给予了你这份工作。

当代科学大师霍金的学术报告刚刚结束,一位年轻的女记者便急切地走到这位科学大师面前,提出了一个十分不解的困惑:"霍金先生,颅加雷病已将您永远地固定在轮椅上了,您难道没有为自己失去了太多而悲伤过吗?"

霍金脸上挂着微笑,缓缓地抬起手臂,用不大灵便的手指,艰难地敲击着胸前的键盘,随着合成器发出的标准的伦敦音,在宽大的投影屏上,缓慢而醒目地显示出了下列几行文字——

"我的手指还能够活动,

我的大脑还能思维，
我有终生追求的理想，
有我爱和爱我的亲人和朋友，
最重要的是我还有一颗感恩的心……"

顷刻间，肃穆的会场上再次响起如潮的掌声，人们纷纷拥到台前，向这位坦然面对磨难、挑战艰难并不断铸就辉煌的人生斗士，表示深深的敬意。

无论你是何等尊贵，或是怎样的卑微；无论你生活在何地何处，或是你有着怎样特别的生活经历。感恩之心，是我们每个人生活和工作中不可或缺的阳光雨露，一刻也不能少。

第三章

同舟共济,共克时艰:
忠于职守,初心如一

终极职责:誓死与船共存亡

坚决服从船长指令

忠于自己,忠于船

时刻想着开源节流

提升自我,才能更好地服务于"船"

终极职责：誓死与船共存亡

看过电影《泰坦尼克号》的朋友一定对坚守职责到最后的船长印象深刻吧？事实上，在西方世界，提到"船长与船共存亡"时，人们首先会想到的也是泰坦尼克号的船长爱德华·史密斯，其次就是伯肯黑德号海难事件。

1912年4月15日，泰坦尼克号沉没。这是世界历史上知名的船难之一，共造成超过1500名乘客和船员遇难。船长爱德华·史密斯在泰坦尼克号下沉过程中尽一切可能疏散人群，最终选择与船只共存亡。

在这个过程中，船上的每个船员与乘客的反应截然相反，他们从船长到水手各司其职，以自己所能做到的方式组织开展救援工作。他们有的招呼乘客快速有序地撤离，有的迅速放下救生系统，并安排妇女儿童率先离开。

做了一切所能做的工作后，他们在船长的带领下，安静地选择了与大船共同沉没。

而伯肯黑德号海难事件之所以同样让人难忘，也是因为全体高级船员为了优先救助妇女儿童而最终选择与船一同被大海吞没。

1852年2月的一天，英国皇家海军运兵船"伯肯黑德号"在南非开普敦海岸触礁，船长萨尔蒙德立即指挥先将妇女和儿童送上仅有的三艘救生船，而所有士兵则整齐列队在甲板上等待命令。直到船身断成两截，船员和士兵们落入水中后，船长仍命令他们不得靠近已经下水的救生船，因为这可能导致满员的小船倾覆。最终船上642人中，仅有193人生还，包括船长在内的所有高级船员全部遇难。

几个月后，英国皇家海军宣布授予船员烈士称号。

英国诗人吉卜林在他的诗作中赞颂："他们选择和船的残骸一同被吞没；在伯肯黑德的死亡训练中，无论士兵或是水手，都笔直立正、静静等待……"

企业就是一条在海上航行的大船，企业就是你的船让船乘风破浪，安全前行，是你不可推卸的责任。困难来临，我们会坚守这条船的规定，并且听从船长的指挥，如同船上的水手或战士一样，忠于职守，誓死与船共存亡吗？

在一个企业的内部，不同岗位的人拥有不同的岗位职责，每个人都不应该因为老板不在或者没有人监督，就放松了对自己岗位职责的要求。忠于职守是一个员工价值和责任感的最佳体现。

一群小孩在公园里玩打仗的游戏。一个小孩被派为哨兵站岗，扮演军长的小孩命令他不准擅自离开，他便一直在那儿站着。后来，孩子们玩累了都回家去了。天已晚了，站岗的小孩哭了起来。妈妈也循着哭声找过来，要他赶快回家。"我是士兵，我要服从军长的命令，军长要我不得擅自离开，我不能走！"孩子说。妈妈没有办法，找到公园管理员求助。

管理员找了一顶保安帽子，戴在头上，然后走到孩子身边，站直身子，正色道："士兵同志，我是司令员，现在我命令你回家去。"小孩听了，高高兴兴地跟着妈妈回家去了。

相信这个故事会让很多人汗颜，小孩子玩游戏当真了，很多成年人却把本该认真的工作当作了游戏。孩子做到了对"军长"的忠诚、对"士兵"职责的忠诚，以及对"部队"的执着忠诚，但是我们是否做到了对"船长"的忠诚、对岗位职责的忠诚，以及对公司的忠诚了呢？

李忠是个退伍军人，几年前经朋友介绍来到一家工厂做仓库保管员，虽然工作内容不复杂，基本就是按时关灯，关好门窗，注意防火防盗等等，但李忠却做得超乎寻常的认真，他不仅每天做好来往的工作人员提货日志，将货物有条不紊地码放整齐，还从不间断地对仓库的各个角落进行打扫清理。

三年下来，仓库居然没有发生一起失火失盗案件，其他工作人员每次提货也都能在最短的时间里找到所提的货物。就在工厂建厂20周年的庆功会上，厂长按老员工的级别亲自为李忠颁发了奖金5000元。

好多老职工不理解，李忠才来厂里三年，凭什么能够拿到这个老员工的奖项？厂长看出了大家的不满，于是说道："你们知道我这三年中检查过几次咱们厂的仓库吗？一次没有！这不是说我工作没做到，其实我一直很了解咱们厂的仓库保管情况。

作为一名普通的仓库保管员，李忠能够做到三年如一日地不出差错，而且积极配合其他部门的工作，对自己的岗位忠于职守，比起一些老职工来说，李忠真正做到了爱厂如家，我觉得这个奖励他当之无愧！"

有些员工，对上司交代的事情，不是消极应付就是推诿，即使上司三番五次地交代，也总不放在心上，把工作任务抛到九霄云外，上司过问时才想起来，他们不反思自己，却满嘴的借口：我事情太多、我受到了干扰、工作条件不具备、时机还不成熟……

这些员工，何来忠诚可言？任何一个公司的老板都希望他的员工是忠诚的，他们只会重用那些对公司忠诚的人，而会把那些对公司毫无责任心的人拒之门外。

可以想像，只要你在自己的位置上真正领会到"认真负责"这四个字的重要性，踏踏实实地完成自己的任务，不论老板是否在场，都能兢兢业业，那么，你迟早会得到回报的！

坚决服从船长指令

企业是船，船上所有成员构成了一个合作型团队。对于一个团队来说，优秀的人才重要，正确的战略重要，完善的制度和严明的纪律也重要。但这些都只是先决条件。只有团队所有成员绝对地服从与执行，才能把这一切资源、力量整合起来，才能把战略变成现实。所以在团队中，服从与执行才是最重要的。

正如那个年代，伟大的巴顿将军所说：

"纪律是保持部队战斗力的重要因素，也是士兵们发挥最大潜力的基本保障。所以，纪律应该是根深蒂固的，它甚至比战斗的激烈程度和死亡的可怕性质还要强烈。""纪律只有一种，这就是完善的纪律。假如你不执行和维护纪律，你就是潜在的杀人犯。"

巴顿可以说是美国历史上个性最强的四星上将，但他在纪律问题上，对上司的服从上，态度毫不含糊。他深知，军队的纪律比什么都重要，军人的服从是职业的客观要求。

企业也是如此，一个不能服从工作指令的员工，本身就是没有职业操守的表现，等同于将上司的命令开玩笑，无视工作的重要性。

现在，很多企业经常给员工进行各类型培训，但很多人认为这是走形式，极不用心地参加这样的培训。这种观念是错误的。不要以为自己有多大的能耐，到一个新的公司，你就必须从零开始。服从于你的上司，服从于公司的安排。

有一位叫桑杰斯的年轻人，上司让他去一个新的地方开辟市场，因为地处偏僻，很多人认为在那里要打开销路是十分困难的。其实，在把这个任务分派给桑杰斯之前，上司也试过将该任务交给其他员工，但都被他们推脱掉了。桑杰斯在得到上司的指示后，带着样品就出发了。

三个月后，桑杰斯带着好消息回来了，那里有着巨大的市场。由于他的服从意识，他毅然选择前往，并用尽全力去开拓市场，最终取得了可喜的成绩。

作为职员，必须清楚自己的定位，不要给自己任何的借口和推卸责任的理由，上司要的是结果，而不是你再三地解释原因。你应该对你的船长这么说："报告船长，坚决服从指令。"

即便你在接受任务的时候还不具备成功的条件，就如桑杰斯一样，最初也并不觉得具有可行性市场销路，但你也要告诉你的上司你能行，因为只有这样，你才能抛弃所有的退路，千方百计地去克服困难，为最后的成功创造条件。

公司规定，每到年末，员工们都要写一份年终述职报告，将自己全年的工作形成书面总结，既要总结经验，也要制定目标，提出建议。

刚刚入职不到一年的李薇倒数着年末述职报告的日期，正全身心地敲键盘。旁边隔断的老员工悄悄微信她："妹子，过来人告诉你，百度一下就算了，公司历年来只是形式走走而已，何况这么多人，领导们怎么看得过来啊！随便写写交差就行了。"

李薇认为她认认真真工作了一年，有太多的想法和建议要表达。尽管平日口头报告的机会很多，但往往一转身，就被领导们抛之脑后，她非常珍惜这次述职报告的机会。

于是，李薇晚上回到家，饭后第一件事就是冲到电脑前继续准备材料，绘制图表。经过两周的精心准备，一份厚实的年终总结送到了公司办公室。封皮上是公司的标志和宗旨，扉页上有目录和提要，清晰地标明着李薇的工作内容、工作看法及工作建议。正文处，每一部分都有详细的数据和直观的图表，还用简单易懂的表情符号呈现出了公司普遍存在的浮躁作风，尤其报告的最后部分，更大胆而直接地提出了具体、可操作的调整方案。

一周后，这份新人述职报告成为公司全体上下谈论的热点话题。又过了几天，老总亲自喊李薇谈话，针对这份述职报告做了点评："这份报告我很欣赏，作为工作不到一年的新人，你能认真面对公司看似形式的述职报告，我很欣赏。同时，报告内容所呈现出来的思路和创意，也充分体现出了你对公司真正的热爱，我更欣赏你的这份责任感。明年起，公司会为你提供一个更好的岗位，加油吧！"

就这样，入职不到一年的李薇，获得了老总的另眼看待。

很多人对上级的要求指示，喜欢讲价钱，讲条件，甚至搞"上有政策，下有对策"，表面一套，暗地一套；对各项规章制度，喜欢搞所谓的"变通""细化"，制定一些与制度相违背的"土政策""土规定"等等。这些不仅会使企业正常的发展指令得不到及时的贯彻执行，而且会使员工养成一种恶劣的自由主义风气，久而久之，会影响企业的整体建设，损害企业的整体竞争力。

我们应该完全服从于上司和组织的安排，坚决去执行所属企业的价值理念和指令。如果你有什么意见或者建议，应该在上司发出指令前提出，如果你的意见没有得到上司的采纳，你也必须立刻按上司的要求去做。

如果一个下属不能服从上司的命令，这样的团队必将走向失败；反之，则能产生强大的执行能力，取得巨大的成功。因此，你要时刻记住：服从并执行命令的员工才是最好的员工。

忠于自己，忠于船

与服从一样，忠诚在团队当中也同样重要。

忠诚于自己的公司，忠诚于自己的老板，与同事们同舟共济，荣辱与共，将获得一种集体的力量，事业就会变得更有成就感，工作就会成为一种人生享受，人生就会变得更加饱满。

与此相反，一个丧失了忠诚的人，不仅丧失了机会、丧失了做人的尊严，更丧失了立足之本。即使是那些短暂地从你身上获取好处的人，最终也会鄙视你、远离你、抛弃你。

当然，你对公司的忠诚是要经受考验的。当公司经营出现阻碍的时候，正是检验员工忠诚度的最佳时机。

李志在一家大公司供职，能说会道，才华横溢，所以他很快被提拔为技术部经理，大好的前途正在等着他。

有一天，一位港商请李志喝酒。席间，港商说："最近我的公司和你们的公司正在谈一个合作项目，如果你能把手头的技术资料提供给我一份，我给你辛苦费。"

港商小声说："这事儿只有你知我知，公司不会知道的。"说着，将15万元的支票递到李志面前。李志心动了。

在谈判中，李志的公司损失很大。事后，公司查明真相，辞退了李志。本可大展宏图的李志不但失去了工作，就连那15万元也被公司追回以赔偿损失。李志悔恨不已。

一个人对自己的企业不忠，受损的就不只是他经济上的利益，更重要的是他的人格遭到了别人的质疑，一旦人们察觉到他的不忠诚，那么世界上通往成功的所有道路就会永远对他关闭，这样的人也永远不能取得成功。

每家企业的发展和壮大都需要靠员工的忠诚来维护。如果所有的员工对企业都不忠诚，那么企业必然走向破产，那些不忠诚的员工自然也会失业。只有所有的员工都对企业忠诚，企业才能走向成功，员工才能发挥团队精神，拧成一股绳，劲儿往一处使。也只有忠诚，才能使员工充分发挥自己的潜力，在各自的岗位上奋发进取，和自己的企业一起成功。

杰克去某公司应聘部门经理，公司老板告诉他说先要试用三个月。三个月试用期是在商店做一线销售员。杰克虽想不通，但也勤勤恳恳工作，最终通过了试用期。

杰克应聘的是部门经理，老板却让他从基层做起，尽管这样，他最终还是坚持做完了。事实证明，他的选择是对的，他经受住了老板对他的考验，熟悉了公司业务，对公司的规划有了全面的了解，这些都为他今后的工作奠定了基础。试用期后，他正式就任部门经理，领导员工做出了优秀的业绩，为公司的发展作出了该有的贡献。

很多企业的领导人都把忠诚作为企业文化中的重要组成部分，或者把忠诚作为员工对于企业的一种精神理念，用来增强整个企业的凝聚力。在企业里，无论是企业的领导者还是员工，忠诚都是他们对企业的最大爱护。对于忠诚的回报就是他们有机会让忠诚的人真正卓越，无论是能力还是品格。

从人生大义来讲，忠诚是我们做人不应该缺少的；从最功利的角度来讲，忠诚同样也是对我们个人有所助益的。从任何一个角度而言，我们都不能放弃忠诚。

时刻想着开源节流

一条船的前进，需要充足的供给，而充足的供给则来自不断的开源节流来保证。开源，就是产品创新，运作资本，寻找商业机会；节流，就是消除浪费，降低成本，从企业内部管理入手。

意识到自己与企业这条船的命运共为一体的船员，时刻都会想着如何为这条船开源节流。如果每个员工都有这样的意识，为企业开源节流自然会当成自己的本职工作，时时刻刻落实到具体的工作细节当中。这条船也不会忘记你因此所节省和赚取的资源与利润，船长自然会以某种恰当的方式回馈你的付出和努力。

只要你养成了这样的习惯，时刻具备这样的意识，像爱护自己的家一样爱护这条船，你的这份爱自然会有收获。

张丽是建筑公司的一名普通文秘。因为职位的原因，她每天都会打印大量的文字材料、出具各类工作报告。她意识到打印纸张的消耗是非常隐蔽的一种消耗，于是就把非特定需要单面打印的材料设置成文字缩小后的双面打印模式，以此为公司节约成本。

正是张丽这份对公司的爱，成就了张丽的职业上升之路。当一个人把自己认定为集体的一部分，他就会为集体开动脑筋，就会自然而然地站在这个集体的角度考虑问题，他所体现出的就是对这个集体、这份事业的忠诚。

只有忠诚的人，才可能有资格成为优秀团队中的一员。只有忠诚于团队的人才能成为团队需要的角色，才能在团队中发挥作用。

著名管理大师艾柯卡受命于福特汽车公司面临重重危机之时，他大刀阔斧进行改革，尤其在人员和项目的归并、裁减方面做了很多工作，节约了成本、开拓了新方向，使福特汽车公司走出危机。但是福特汽车公司董事长小福特却对艾柯卡进行排挤，这使艾柯卡处于一种两难境地。

但是，艾柯卡却说："只要我在这里一天，我就有义务忠诚于我的企业，我就应该为我的企业尽心竭力地工作。"尽管后来艾柯卡离开了福特汽车公司，但他仍对自己为福特公司所作的一切感到欣慰。

"无论我为哪一家公司服务，忠诚都是我的一大准则。我有义务忠诚于我的企业和员工，到任何时候都是如此。"艾柯卡说。

正因为如此，艾柯卡不仅以他的管理能力折服了其他人，也以自己的人格魅力征服了别人。

张铁和王林是两个职专毕业生，毕业后来到深圳找工作。当口袋里的钱所剩无几时，他们只好来到一个建筑工地上找到包工头推销自己。

老板说："我这里目前没有适合你们的工作，如果愿意的话，倒可以在我的工地上干一段小工，每天给你们30元钱。"老板要求他们所做的工作，就是把木工们钉木架时散落在地上的不合格钉子收集起来。

几天下来，张铁暗暗算了一笔账，发现老板这样做十分不合算，根本达不到省钱的目的。张铁决定和老板谈一谈这个问题。"我们经过几天的忙乎，发现每天最多能捡10斤钉子。按照市场价格每斤2.5元计算，我们一天最多能给您卖25元，您却发我们30元，实际您是赔钱的。我不能昧着良心赚这样的钱，这本身是您公司不该有的损失。"

老板听了，点了点头，说："这位同学，感谢你为公司考虑，实际上这份工作我给过很多人，但是没有一个人主动找我来算这笔账，你是第一个，如果你想留下来工作，我正式录用你。"

张铁有些惊讶，一时反应不过来。

老板继续说道："哪家公司都需要肯为公司利益考量的人才，你能从公司的角度考虑问题，我正是欣赏你这一点才欢迎你的加入，要知道，钉子这笔账不难算，我哪能不知道呢？"

最终，张铁成了公司录用的正式工作人员，而同时和他捡钉子的王林则只能继续寻找新的工作。

张铁在未进入公司前，就已经能够站在公司的角度去"算一笔账"，未来也一定是为企业节流方面大有贡献的员工。

一个企业，开源可以更好地改变未来，而节流可以不断地调整现在，有了开源节流思维，就能很好地在两个方面下功夫，支撑企业这条船快速地向前发展。

提升自我，才能更好地服务于"船"

在企业这条大船上，如果你要更好地忠于职责，那就要积极自觉地学习与你的职责有关的知识，不断提高你的技能，以使你的工作做得更好。不要为了私心去找借口，而应真正以企业为家，真正关心企业的兴衰成败，认真思考企业的经营发展之道，将自己的全部身心奉献给企业，将自己彻底融入企业，为自己能够为企业添砖加瓦，能够使企业发展壮大而自豪。

如果我们在工作中还未取得重大成果，或者成果不令人满意。那么，我们就应该进行反思，自己的工作技能是否还有所欠缺？如果是，那就应该主动学习充电，不断提升工作技能。因为只有如此，最后才能在工作中取得突破。

哈佛商学院的约翰·科特建议："勇敢面对挑战，并且大胆采取行动；然后坦诚地面对自己，检讨这项行动之所以成功或是失败的原因。你会从中吸取教训；然后继续向前迈进，这种终生学习的持续过程将是你在这个瞬息万变的商业环境中的立足之本。"

要在变化迅速的企业环境中立足并发展，员工必须负责精进自己的工作技能，否则就会被抛在后面吃灰尘。

要想在当今竞争激烈的商业环境中胜出，就必须学习从工作中吸取经验、探寻智慧的启发以及有助于提升效率的资讯。

年轻的彼得·詹宁斯是美国ABC晚间新闻当红主播，他虽然连大学都没有毕业，但是却把事业作为他的教育课堂。他当了3年主播后，毅然决定辞去人人艳羡的主播职位，决定到新闻第一线去磨炼，干起记者的工作。他在美国国内报道了许多不同路线的新闻，并且成为美国电视网第一个常驻中东的特派员，后来他搬到伦敦，成为欧洲地区的特派员。经过这些历练后，他重又回到ABC主播台的位置。此时，他已由一个初出茅庐的年轻小伙子成长为一名成熟稳健而又受欢迎的记者。

专业能力需要不断提升组合以及刺激学习的能力相配合。所以，不论是在职业生涯的哪个阶段，学习的脚步都不能稍有停歇，要把工作视为学习的殿堂。你的知识对于所服务的公司而言可能是很有价值的宝库，所以你要好好自我监督，别让自己的技能落在时代后头。

贾向东是中国能源建设山西省电力建设二公司工作的焊工，参加工作12年来，他先是被公司评为"劳动模范"，后又被授予"全国五一劳动奖章"称号。此外，他还在全国性焊工比赛中获得优异的成绩，是公司最为知名的焊工之一。那么，贾向东到底是怎么做到如此优秀的呢？

贾向东是19岁那年进入山西电建二公司的。刚到公司的贾向东由于没有工作经验，只能做一份送水的工作。后来一个偶然的机会，他得知公司焊接工程处正在招收员工，于是便报了名。

报名以后便开始参加焊工培训，也正是从这时候起，贾向东就暗下决心一定要学好焊工这门技术。每天进行培训的时候，他总是第一个到现场，最后一个离开。每天当工友在看电视、喝茶聊天的时候，他总是在一旁认真地一边翻阅资料，一边做学习笔记，根本不受外界的干扰。

贾向东除了努力学习理论知识之外，还十分注重实践，每天只要看书看累了，就去练习焊工技术。但时间一长，他就发现这样进步还是有些慢，于是便经常拿着自己焊接完成的"作品"请一些老师傅指点。几乎每天，工友们都能看到贾向东向老师傅学习的身影，时间长了，大家都叫他"好问焊工"。贾向东说："无论什么工作，要干就干到最好。"

他付出了比普通人更多的努力，不管寒风暴雨，还是烈日骄阳，他都穿上厚重的工作服练习焊接技术，单一的姿势通常要保持很长时间，汗水像滴水一样往下流，眼睛经常被弧光烧成"核桃眼"，时间一长，工作服也被烧透，以至于身体被烧伤。

2004年，贾向东因表现优秀被公司从低压焊工破格晋升为高压焊工，这个过程普通人需要五年时间，而贾向东仅用两年就做到了。

此时，焊工技术已经炉火纯青的贾向东被派去参加国家重点工程"西电东送"工程建设的工作，他留下的焊口结实又美观，连外国专家都竖起大拇指称赞。

贾向东从一个对焊工技术一无所知的人，逐步成长为真正的焊工专家，他的成功正源于他意识到唯有不断提升自己的工作技能，才能成全自己。同样，如果我们也想通过工作成就自己，就需要不断地学习专业知识，把工作技能提升到别人无法达到的地步，只有如此，才能完美地完成工作。

实际上，很多有规模的公司都有自己的员工培训计划，培训的投资一般由企业作为人力资源开发的成本开支。而且企业培训的内容与工作紧密相关，所以争取成为企业的培训对象是十分必要的。如果你觉得自己完全符合条件，就应该主动向老板提出申请，表达渴望学习、积极进取的愿望。

第四章

安全行船，责任第一：
事无内外，关注船况

只要负责，工作可以100%出色

敢担当：船上的事就是我的事

主动负责，不分内外

看结果：船的状况就是你的状况

负责到位，就要全力以赴

只要负责，工作可以100%出色

有位管理大师曾说过："任何的高绩效都需要你首先担负起责任，各种分析显示，所有高绩效人士，身上都有一项共同的品质，那就是他们能够担负责任。"

负责任是优秀品质的标志，负责任的员工是优秀的员工。反过来讲，一个员工之所以拥有优秀的光环，很大程度上是因为他把责任心放在了实干的首位。在强烈责任感的驱使下，他能够像鲤鱼跃龙门那样，不断跨越障碍、克服困难，从而在工作上取得新的高度。

海尔集团是一家专注于家电领域的企业，自1984年创办至今，一直都是行业内的佼佼者，其生产的家用电器已经成为优质产品的代名词。而海尔之所以能够多年屹立不倒，有一个最大的原因就是海尔的员工都能用超强责任心去解决工作中任何一个小问题，海尔住宅设施事业部卫浴分厂厂长魏小娥就是一个典型的代表。

当时，海尔为了让整体卫浴设施的生产流程更加完善，派遣魏小娥东渡日本，学习当时世界上最先进的整体卫生间生产技术。学习期间，魏小娥意外地发现，一向以精益求精闻名于世的日本企业，生产的产品合格率是99%。"为什么不能把产品的合格率提高到100%呢？"在一次讨论会上，魏小娥向日本的技术人员提出了自己的疑问。

那位技术人员听了魏小娥的问题，笑着摇了摇头，告诉她说，世界上没有完美的产品，那1%的合格率是很多企业难以逾越的难题。魏小娥听后不以为然，她认为作为海尔人，有1分问题就是100分责任，要么不做，要做就要做到最好。因此，她暗下决心，一定要让海尔产品的质量标准达到100%。从此，魏小娥除了吃饭睡觉之外，把所有的时间都用在了研究资料、攻克技术难关上。交流学习结束后，魏小娥带着最先进的技术和赶超日本的信念回到了海尔。

一回到海尔，魏小娥就组织人员开始对卫浴模具进行改造，希望尽快提升产品的质量。在她的带领下，卫浴生产现场焕然一新，生产流程有条不紊，更重要的是，终于生产出了她要的质量在100%的产品。

一年后，当大名鼎鼎的模具专家宫川专程来华访问海尔时，看到海尔卫浴的生产现场以及没有任何瑕疵的产品，惊讶的同时，也带着好奇心问魏小娥："日本卫浴产品生产现场又脏又乱，我们一直努力改变，但效果甚微。你是用什么办法让生产现场保持得这么好？另外，100%产品的合格率，我们从未达到，也不敢奢求。因为在我们看来，产品1%的废品率、5%的不良率，是完全合理的。你们又是如何让产品质量达到100%的？"

魏小娥淡然一笑说："只要负责，没有做不好的工作。"

可见，只要怀着一颗强大的责任心去实干，即使遇到再大的难题，最后也能找到解决的办法。

本杰明·鲁迪亚德曾经说过："没有谁必须要成为富人或成为伟人，也没有谁必须要成为一个聪明人；但是，每一个人必须要做一个负责任的人。"

今天，只有每一个负责任的员工将工作做到100%的出色，做到员工与企业荣辱与共，企业这条大船才会在每个出海的日子，实现满载而归的可能。

敢担当：船上的事就是我的事

企业就是你的船，企业的事就是自己的事。敢于在关键时刻承担责任，这也代表了企业本身的担当精神。

在这个越来越商业化的时代里，老板往往对敢于担责的员工情有独钟。因为只有这样的人可靠，不会见异思迁，更不会背叛公司。也只有这样的人，才具备开拓精神，用自己的才华和能力为公司带来效益。

张浩和李强是一家快递公司的员工，两人为客户送快件不仅及时而且从未出现过差错，因此很受老板器重。一次，老板让张浩和李强把一台医疗仪器送到一家医院，并再三嘱咐他们，这台仪器十分昂贵，千万别造成损坏。

张浩和李强也不敢马虎大意，在送仪器的路上小心翼翼，生怕出现什么闪失。但是越怕出事越容易出事，就在两人合力抬着仪器走上医院的台阶时，李强的手一滑，仪器便重重摔在了地上。

李强很害怕，站在那里说不出话。张浩也满脑门子汗，但很快调整好情绪，对医院的工作人员说道："我们马上联系维修人员，请你们放心，我们公司一定承担维修费用。"

回到公司后，李强背着张浩来到老板办公室，几乎是声泪俱下地说："我知道这台仪器贵重，所以一路上几次提醒张浩，叫他小心一些。可是张浩这人毛手毛脚的，最后还是出了事。"

老板又找来了张浩。张浩刚进门就主动说："那台仪器我愿意负责。"老板听了张浩的话，也没有多说什么，就让他离开了。

处理结果过了两个月才出来。这天老板把张浩和李强找来，对他们说："仪器的事情已经得到妥善解决了，经过协商，公司只需要承担维修费用就可以了，鉴于你们平时的表现，这笔费用将由公司来承担。"

说到这里，老板停顿了一下，看着李强意味深长地说："一个敢于担责任的人，才能堪当大任。不敢承担责任的人，永远也不会得到重用。"

这种处理结果是李强万万没有想到的，顿时羞愧得连一句话都说不出来……

工作中，有很多像案例中的李强一样不敢担责的人，他们害怕主动承担责任会带来一系列自己无法承担的后果。因为很多时候，承担更多是与惩罚相联系的。而实际上，只有不惧怕承担，敢于承担后果，才是在工作中制胜的保证。因为一个人只有敢于担当，在面对重大问题时，不会逃避，而是运用自己的智慧，积极努力解决问题，这样就能避免损失甚至是一些灾难的发生。

美国著名人际关系学大师卡耐基说："有两种人绝对不会成功：一种是除非别人要他做，否则绝不会主动负责的人；另一种则是别人即使让他做，他也做不好的人。而那些不要别人催促，就会主动负责做事的人，如果不半途而废，他们必定会成功。"

第二次世界大战期间，日本有一位企业经营者，生意做得相当成功，积累了一笔非常丰厚的家产。然而天有不测风云，正当他春风得意之时，第二次世界大战爆发，日本经济出现了大动荡。许多日本企业在这场危机中纷纷倒闭，这位经营者虽然拼命维持企业的运转，但均以失败而告终，最后他负债累累，不得不宣布破产。银行得到这一消息后，马上派人前来催债。

为了还债，他将所有的家产变卖，甚至还准备把太太的戒指卖掉。生意场上失手的人，清理时总还是要留下些活命的财产以维持生计，这是人之常情。而他则是把所有值钱的东西都拿了出来。他的这种做法就连银行的人都感到吃惊和佩服。后来在银行的人劝说下，他才留下一小部分钱财维持日常生活。

第二次世界大战结束后，日本经济开始逐渐恢复，他抓住这次机会再次创业，很快东山再起，再次成就了自己的事业。

这个案例再次向世人证明，只要肯担当，不论身处何种逆境，总有一天会重新翻身，创造出属于自己的奇迹。同理，作为员工要想脱颖而出，成为公司的中流砥柱，首先要勇于承担责任。这种承担，不仅仅表现在事前接受任务、执行任务，更在进行任务中负责，在出了问题的时候更要勇于承担责任。

主动负责，不分内外

任何一个有进取心的人，都不会介意在做好自己分内事情的同时，尽自己所能多做一些分外的事情。多做一些有利于他人以及工作的事情，就会使你得到比他人更多的机会。

美国著名出版商乔治·齐兹18岁时，在一家书店做营业员。他工作勤奋，而且经常主动地做一些分外事。他说："我并不仅仅做我分内的工作，而是努力去做我力所能及的一切工作，并且是一心一意去做。我想让老板承认，我是一个比他想象中更加有用的人。"

下面故事中的林晓华就是这样的一个人。

经过激烈的竞争，林晓华以优异的表现打动了面试官，与另一个女孩同时留在了公司。首战告捷，但林晓华与那个女孩还得经历为期三个月的试用期。

林晓华和那个女孩都异常努力，每天都工作到很晚才下班，三个月一晃而过，公司根据她们两人的表现进行现场打分。林晓华以几分之差落后了。

林晓华总结出失败的最大原因就是自己的能力确实不如那个女孩，以后一定要加强学习。

第二天，林晓华像平时一样按时来到公司，默默打扫完卫生，就回到了自己的工位，准备开始工作。这时几位同事过来对她说："别干了，你领完工资就可以走了。"

林晓华微笑着说："今天虽然是最后一天上班，但公司也是照样付薪水的呀！再说了，我手头有一点工作还没做完，等我处理完了再走也不迟。"就这样，一直忙到下午四点多，林晓华完成了工作，又把自己的工位擦拭得干干净净，然后才去财务部领薪水。

当林晓华准备离开公司的时候，却被部门的李经理叫住了。林晓华疑惑地问道："李经理，还有什么事情吗？"

李经理微笑着什么也没有说，递给了林晓华一份文件。林晓华接过来一看，居然是一份劳动合同，她惊讶地看着李经理，脸上写满了疑惑。

李经理轻轻地拍了拍林晓华的肩膀说："小姑娘，我暗中观察了你一天，今天虽然是你上班的最后一天，你完全可以什么也不做，领到工资就走人。可是你没有，在没有人监督的情况下，依然能够主动坚守岗位，承担属于自己的责任，这是非常难能可贵的，公司需要你这样的人。如果你愿意留下，明天就来上班。"

就这样，林晓华重获机会留在了公司，并更加努力地工作，翻开了自己事业的新篇章。

林晓华虽然面临被淘汰的命运，但依然能够自觉地坚守岗位，站好最后一班岗，这是一种优良品格，这种的人格力量不仅会弥补自身的缺陷，而且也能让别人看到自己的长处，从而赢得他人的尊敬。

对于主动负责，做事不分内外的员工来说，除了做好自己的本职工作以及不脱岗之外，还善于"查漏补缺"，除了能把自己本职工作做好之外，还能在不越位的情况下随时准备补位。这样的员工眼里有"活"，不需要等待上级安排，就能主动站出来承担工作并把工作当成一次锻炼自己的机会。与被动接受任务的员工相比，前者更容易得到上级的青睐。

龚岩是一家公司的策划人员，能力较强，除了完成自己的本职工作之外，还经常寻找机会做一些其他工作，希望使自己能得到多方面的锻炼。一次，市场代表小石因病住院，整个市场无人负责，公司里却没有一位员工敢主动请缨，一方面小石能力很强，当初整个市场几乎都是他一人打下来的,人们都认为小石无法替代。另一方面,在保持现有市场的基础上开拓新市场,是一项非常艰难的工作,做好了自不必说;做不好,不仅有失颜面,甚至可能还会承担一些后果。

龚岩偏偏不信这个邪,他主动向上级提出要当"替补"的请求。上级十分欣赏龚岩的冲劲,便答应让他试一试。为了做好这项工作,他起早贪黑,遇到不懂的问题就想方设法弄明白,遇到自己难以解决的难题就去请教公司里经验丰富的老员工……最终他的努力没有白费,一个月后,他顺利地完成了业务推广、活动策划以及广告宣传的任务。

通过这次"替补"工作,龚岩的交际能力、组织能力以及应变能力都得到了极大的提升。更重要的是,上级也看到了龚岩的潜力,没多久就调任他到市场部门工作。

龚岩主动出击,愿意解公司之急,完成任务的同时也成全了自己。在一个平台中,如果仅仅做好本职工作,给自己的定位依然是一个船员,而非船长。而要想获得更长远的发展,就应该多做一些工作之外的事情,因为很多机会也是"分外"得来的。

看结果：船的状况就是你的状况

成功的人一定是负责任的人，而负责任的人一定是最关注结果的人，他总会想尽一切办法去获得结果。一条船的运行状况如何，其实就能看出船上负责人的状况如何。你在船上是努力的，船的状况就是平稳向前的，反之，它就随风逐流，舱内一片狼藉，满是污垢。

有一年，美国加州爆发了一次大规模的淘金热潮。有很多人意识到这是一个发财的好机遇，匆匆忙忙地从各地赶往加州，年仅17岁的亚墨尔为生活所迫，也不惜路途遥远，千里迢迢地来到了加州这块令人狂热的土地。

淘到金子是无数人心神向往的，但残酷的现实总是无情地击碎人们的美梦。随着淘金队伍的不断壮大，金子一天比一天难淘，到处都是不分昼夜挖掘的淘金者，而大多数人都是一无所获。

过了一段时间，淘金者几乎花光了所有的积蓄，他们连最基本的生活都得不到保障，食物的短缺加上疾病，很多人带着遗憾埋骨他乡。同样没有收获的亚墨尔和他人一样饱受饥渴的折磨。有一天，亚墨尔无意间听见人们对缺水的抱怨，忽然灵机一动，既然金子这么难挖，我何不卖水呢？

亚墨尔开始将远方的水引过来过滤，然后将净化好的水一壶一壶卖给这些淘金者。有人说他是傻瓜，放着金子不挖，跑这么远来卖水，真是可笑，但是亚墨尔不为所动。最后，当别人在寒冬的驱使下垂头丧气回家的时候，亚墨尔却靠卖水赚到了一笔不小的财富。

主人公亚墨尔就是典型的"以结果为导向"的工作理念实践者。正是因为明确了一切努力的结果是为了财富，则淘金这件事本身就不再重要，亚墨尔灵活调整，快速应变，反而更快地获得了财富。

过程是为结果服务的，没有结果，过程自然就失去了意义。只有先考虑了结果的要求，才能做到以结果为导向，否则就只能是一句空话。

孔祥瑞是天津港中煤华能煤码头一名普通的装卸工人，他就是一个追求工作结果的人。参加工作40多年来，孔祥瑞完成多项技术性的项目，获得12项国家专利，为企业创造了过亿元的经济效益。

2001年，天津港冲击吞吐量过亿吨大港时，孔祥瑞带领的操作队承担着装卸2500万吨货物的任务。设备没变，人也没变，任务量却增加近30%，这无疑是一次艰巨的挑战。

为了出色地完成此次工作，孔祥瑞经过长时间的思索，觉得可以在起重货物的门机上做一番文章。想到就去做，孔祥瑞尝试了很多次，最后想办法使门机的每一次"抓放"作业节省时间15.8秒。不要小看这短短的十几秒时间，一天下来，每台门机就能多干出480吨，当年就为天津港创下1600万元的经济效益，而他发明的这种操作法被天津市总工会命名为"孔祥瑞操作法"。

孔祥瑞虽然没有太高的学历，但他却知道能为企业做出结果的员工才是合格的员工，因此，他通过长年的努力，在工作中不断创新，为企业做出了巨大贡献，最终被评为"全国劳动模范"。

职场中，很多员工完成一项任务后，就觉得大功告成了，其实，很多时候，他们仅仅是为了完成任务而去完成任务，忽略了工作最终的完成情况。要知道，完成任务并不等于取得完美的结果。在工作中，衡量任务完成情况的最佳标尺是结果，如果结果不完美，不论过程中付出多少努力，那还是等于没有完成任务。

绝大多数人在实际工作当中，以为自己已经很好地完成了工作，但实际上都只是在完成任务，而不是真正做出结果。我们要对工作任务的结果负责，对工作的价值负责，而不是一味地完成任务，因为完成任务并不意味着会有好结果。

一个企业发展是否符合计划的要求，关键是看结果。员工做得对不对看成果，是奖是罚也得看成果，而不是看过程，总之是要以成败论英雄。企业并不是慈善机构，要生存，也要发展，这些都离不开最后的结果，而企业要在这结果中得到利益，没有最终的利益，一切都是白搭。

身为一名员工，在工作中一定要树立"结果是一切工作的要务"的工作理念，要想方设法去实现企业以及自己的目标，为企业创造效益；而不单是机械地完成工作任务，毫不考虑工作的成效。

因此，当事情完成后，我们有一万个理由都不重要，重要的是这件事情的结果。没有结果的努力，是无用功；结果不理想，同样也是无用功。

负责到位，就要全力以赴

"全力以赴！"是我们再熟悉不过的四个字，每个人都对它有不同的认识。

"全力以赴"是大家熟悉的四个字，不同的人都会有不同的解释。对于马拉松选手而言，它是感觉体力用尽之后，再咬牙坚持一会儿；对于拳击手来说，它是从地上一再爬起来，爬起来的次数总比倒地的次数要多一次；你是船员，暴风雨来了，你的船在剧烈摇摆，你会为了这条船和上面的全部生命和物资全力以赴去迎接挑战吗？

一个员工能否在工作中做出成绩的关键因素，不在于该员工是否具备超强的能力，也不在于外界的条件是否优越，关键在于其是否能够全力以赴。一个员工只要全力以赴，即使他所从事的是最简单的工作，即使他能力普通，即使没有优越的外界条件，他仍旧可以在工作中做出一番成绩来。

难怪有人说:"全力以赴是难题的克星,因为它能让你咬紧牙关坚持下去,不论被击倒多少次,它总能支持你再爬起来。所以,只要你的工作目标已经确立,你就必须全力以赴。"全力以赴能让你把工作做得比别人更完美、更迅速、更正确;全力以赴能够充分激发你的潜力,让你不断迸发出解决问题的有效方法;全力以赴能让你抓住机会,扩大你发挥才能的平台。

米开朗基罗是意大利文艺复兴时期伟大的绘画家、雕塑家、建筑师和诗人,文艺复兴时期雕塑艺术最高峰的代表,他与拉斐尔和达·芬奇并称为"文艺复兴后三杰"。在艺术创作上,米开朗基罗一生都在努力追求完美,从未懈怠过。

1508年,教皇朱利奥二世要求他为梵蒂冈西斯廷教堂绘制穹顶画。这是一项工程极其浩大的工作,一开始米开朗基罗是不愿意接受这项工作的,因为在他看来,这一定是艺术界的劲敌故意把他推到教皇面前做这件不讨好的工作。经过再三考虑,米开朗基罗决定接手这项工作。后来所发生的一切都出乎那些狡猾的艺术家劲敌所料。在米开朗基罗看来,艺术比性命还重要,他告诫自己,要么不做,要做就要全力以赴做到最好。

米开朗基罗一个人躺在18米高的天花板下的架子上,以超人的毅力夜以继日地工作,历时4年零5个月,完成了震古烁今的伟大作品《创世纪》。整幅作品511平方米,中心画面由《创造亚当》《创造夏娃》《逐出伊甸园》等9个场面组成，大画面的四周画有先知和其他有关的故事，共绘了343个人物，其中有100多个比真人大两倍的巨人形象，他们极富立体感和重量感。整幅画通过人与人及人与自然间的关系，歌颂人的创造力及人体美和精神美。

全力以赴的工作精神是米开朗基罗取得卓越艺术成就的根基。他的这种精神不仅让教皇深受感动，也震撼了整个艺术界。

全力以赴的工作精神是完全出于自发的，别人是强迫不来的。而要想让自己具备全力以赴的精神，首先从思想上要告诉自己，要对当下的工作负责。正如哈里·杜鲁门担任美国总统时，他的办公室门口挂着一块牌子，上面写着："责任就在这里。"

在工作中，我们应该保持这种态度，出现问题时，不要急于推脱责任，先从自己身上找找原因，看看自己是否已经全力以赴。如果没有做到，那么不妨重新尝试一次，而也只有全力以赴地工作，最后才能负责到位，也才有可能使工作呈现出更为完美的结果。

第五章

团队协作,深海无敌:
舍小顾大,信任共融

一滴水融入大海才不会干涸

团队精神:超强船队的核心保障

没有个人行为目标,只有船队共同目标

搭建彼此信赖的基石

良好沟通:确保船队高效率运行

一滴水融入大海才不会干涸

雷锋在他的日记里这样写道："一滴水只有放进大海里才永远不会干涸,一个人只有当他把自己和集体事业融合在一起的时候才能最有力量。"

一滴水要想不干涸,就要融入大海,一个员工要想生存,就要融入企业,而要想在工作中快速成长,就必须依靠团队,依靠集体的力量来提升自己。

大雁南飞的时候,会不时变换队形,一会儿排成"一"字形,一会排成"V"字形。这是因为大雁在飞行途中,多数情况下会由一只身体比较强壮的大雁在前面引路,这样就能为飞在它身后或者两侧的雁群抵挡一部分气流,从而降低飞行中空气的阻力。

此外，那只领头的大雁还会不时发出叫声，像是在为身后的雁群加油打气，鼓励它们不要掉队。而在飞行过程中，一旦领头雁由于体力不支飞行开始变缓时，雁群中就有其他大雁主动将其换下，带领雁群继续往前飞行。大雁通过默契的团队协作每年能完成长达2个月的飞行。

职场中，如果把一个团队比作一支雁群的话，那么团队成员就是雁群中的大雁。在工作中，如果我们不愿意与团队其他成员交流、协作，只知道独自一人面对各种问题，那么即使我们能力再强，效率再高，也难免会在工作中出错。即使最后拼尽全力完成了任务，可能也会身心俱疲，很难集中精力直接投入下一项工作中去了。

在西点军校，学员们在有团队精神的集体里，可以实现个人无法独立实现的目标。他们看到在团体中每一个人都会变得更有力量，而不是变得微小或默默无闻。西点毕业生、西尔斯公司第三代管理者金斯·罗伯特·伍德说："再强大的士兵都无法战胜敌人的围剿，但我们联合起来就可以战胜一切困难，就像行军蚁（美洲的一种食人蚂蚁）一样把阻挡在眼前的一切障碍消灭掉。"

对于一个因为团队协作而受益的人来说，他很少会再去单枪匹马地进行某项工作，因为他知道，自己能力再强，也有自己的短板，唯有合理借用团队的力量，才能取长补短，达成最完美的结果。

2005年春节晚会上，残疾人艺术团的演员邰丽华带领20位残疾人演员共同表演的舞蹈《千手观音》，以其优美的韵律与造型，征服了海内外观众。

在整个表演过程中，领舞邰丽华虽然出镜最多，但其他成员并没有因此心生抱怨，他们每个人都认真地完成着每一个动作。可以说，这21个演员有着共同的荣誉感，并能团结一致、全力以赴地去传递舞蹈的内在美。

实际上，在《千手观音》排练的过程中，邰丽华遇到了很大困难。对于一个失去听力的女孩来说，要想在无法听到音乐节拍的情况下表演舞蹈，其难度可想而知。

每当排练不顺利的时候，邰丽华就对自己特别失望，经常背着大家偷偷掉眼泪。为了让她尽快跟上训练节奏，大家想尽各种办法来帮助和鼓励她。渐渐地，邰丽华变得自信起来，排练也更加顺利了。

如果没有团队里其他成员的帮助，邰丽华很难得到如此快速的成长和进步，也可以说，她的成功是团队整体努力的成果。舞蹈表演如此，工作更是如此。一个配合默契、精诚合作的团队往往能产生出巨大的能量，正如马云所说："心在一起才是团队，这样的团队将无所不能！"

因为安第斯山脉是世界上最长的山脉，曾经很多人都认为，想要修建一条从太平洋沿岸到安第斯山脉的铁路简直是异想天开。但是一个叫欧内斯特·马林诺斯基的工程师却决定挑战这份看起来不可能完成的工作。

安第斯山脉独特的地形地貌以及海拔高度，增加了修建工作的难度，再加上严酷的自然环境以及意想不到的危险，更使得修建工作遇到了极大的阻力。在险峻的自然条件下，要想将铁路修在一万多英尺高度的位置上，需要建造许多"之"字形、"Z"字形线路和桥梁，同时还要在山体之间开凿出许多大小不同的隧道。

当时很多人对马林诺斯基非常不理解，多数人都持看笑话的态度，但是马林诺斯基和他的团队却成功地实现了这个不可能完成的梦想。整个工程建造的隧道以及桥梁有一百多座，其中一些被现代人视为工程上的典范。虽然在修建的过程中遇到了无数困难，但马林诺斯基始终没有放弃过。

马林诺斯基取得成功的原因，不仅是因为他的坚持和努力，更重要的是他有一个强大的团队。试想，如果马林诺斯基不能调动团队每个成员的积极性，使他们发挥出以一当十的巨大潜能，那么他就不可能完成如此浩大的工程。

在企业内部，作为一个销售人员，当你从谈判席上凯旋，又是升职又是奖金，成为公司上下的焦点时，有没有想过是谁在背后支持你呢？如果没有研发人员的辛苦工作，怎么会有最终打动客户购买的产品呢？如果没有技术支持人员手把手地帮助客户安装、调试、培训，客户怎么会满意呢？

正是团队中的每一个人各自成就着彼此，每个成功的背后，都是团队的力量，只有当他依靠着一个团体时，他的力量才会变得异常巨大。

团队精神：超强船队的核心保障

打造一个超强船队的核心保障就是团队精神。就如航行于大海中的舰队，有智慧舰长的统一指挥，有勇敢船员的群策群力，在这艘船上，每一个人都发挥着重要的作用，所有人都缺一不可。因此，优秀的企业家、职员都深深地懂得团队精神的重要，任何一个成功的企业都有一个与企业文化一脉相承、卓尔不群的团队精神。

团队精神是现代企业成功的必要条件之一，同时也是成就个人的必要条件之一。能够与同事友好协作，以团队利益至上，就能够把你独特的优势在工作中淋漓尽致地展现出来，自然也能够引起老板的关注，否则很难在现代职场中立足，因为"个人英雄主义"时代已经一去不复返了。"有很强的能力并善于与他人合作"，已成为企业在招募员工时的重要指标。

一家公司招聘高层管理人员，9名应聘者经过初试，从上百人中脱颖而出，闯进了复试。

但是，此次招聘只能录取3个名额，所以，老总给大家出了最后一道题。

老总把这9个人随机分成甲、乙、丙三组，指定甲组的3个人去调查本市婴儿用品市场，乙组的3个人调查妇女用品市场，丙组的3个人调查老年人用品市场。临走的时候，老总补充道："为避免大家盲目开展调查，我叫秘书准备了一份相关资料，走的时候自己到秘书那里去取！"

两天后，9个人都把自己的市场分析报告送到了老总那里。老总看完后，走向丙组的3个人，与之一一握手，并祝贺道："恭喜3位，你们已经被本公司录取了！"原来，每个人从秘书处得到的资料都不一样。甲组的3个人得到的分别是本市婴儿用品市场的过去、现在和将来的分析，其他两组的也类似。老总说："丙组的3个人很聪明，互相借用了对方的资料，补全了自己的分析报告。而甲、乙两组的6个人却分别行事，抛开队友，自己做自己的。甲、乙两组失败的原因在于，他们没有合作，忽视了队友的存在。要知道，团队合作精神才是现代企业成功的保障！"

微软中国开发中心总经理张湘辉博士说：

"如果一个人是天才，但其团队合作精神比较差，这样的人我们不要。中国IT业有很多年轻聪明的人才，但团队精神不够，所以每个简单的程序都能编得很好，但编大型程序就不行了。微软开发WindowsXP时有500名工程师奋斗了2年，有5000万行编码。软件开发需要协调不同类型、不同性格的员工共同奋斗，缺乏领军型人才以及合作精神是难以成功的。"

当你来到一个新的单位，你的上司很可能会分配给你一个难以独立完成的工作。上司这样做的目的就是要考察你的合作精神，他要知道的仅仅是你是否善于合作，勤于沟通。如果你不言不语，一个人费劲地摸索，最后的结果很可能是死路一条。明智且能获得成功的捷径就是充分利用团队的力量。

一位专家指出：现代年轻人在职场中普遍表现出自负和自傲，使他们在融入工作环境方面显得缓慢而困难。他们缺乏团队合作精神，项目都是自己做，不愿和同事一起想办法，每个人都会做出不同的结果，最后对公司一点儿用也没有。

一名教徒来到了先知面前，问道："地狱在哪儿？天堂又在哪？"先知没有告诉他，而是拉着他的手，领他穿过了一个黑暗的过道，打开了一扇铁门，走进了一个挤满了人的大屋子。屋子当中，一个大汤锅吊在火堆上，锅里的汤飘散着令人垂涎的香味。汤锅的周围，挤满了面黄肌瘦的人们。他们互不相让，都想得到锅里的汤。他们每个人的手里都拿着一个长长的大汤勺。这些饥肠辘辘的人们围着汤锅贪婪地舀着。由于汤勺实在太长，即使是身强力壮的人也无法把汤送到自己的嘴里。于是，他们互相责骂，甚至大打出手。"这就是地狱。"先知对教徒说。

他们又来到了另一间屋子。同前面一样，屋子的中间也有一口热汤锅。但是，这里的人很有教养，锅旁总保持两个人，一个人舀汤，另一个人喝。如果舀汤的人累了，另一个人就会拿着汤勺来帮忙。这样每个人都能心平气和地吃到东西。先知对教徒说："这就是天堂。"

原来，天堂和地狱都不遥远，它就在我们身边：相互协作就是天堂，彼此争斗就是地狱。

为了团队的利益，为了目标的最终实现，作为一名合格的员工，必须学会与人相互协作。这也将使你变得强大，并融入团队，从团队中获益。

我们强调团队意识和团队精神，其实质就在于强调一种互助协作的精神，每一个人都应该充分意识到自己是团队中的一分子，自己有责任为了整个团队的利益而相互合作、相互支持，因为团队的胜利也是每一位成员的胜利。

没有个人行为目标，只有船队共同目标

企业这条大船前行的目标是启动前就已经确定好的目标，它代表着全体船员的共同意志，员工身在船上，为了更好地实现个人目标，就必须厘清与船队目标相左的个人目标，摒弃一切私人行为，与船上的其他成员一起，为实现船队的共同目标而努力。

在西点的巴克纳野战营的训练科目中，一开始就有训练克服障碍的项目。其中有一项活动是将学员分成若干组，每组6个人。活动要求每个组分别爬上一个四阶高的平台，每阶平台高2.7米，且每个人爬上去以后还必须再爬下来。学长不会告诉他们该怎么爬上去，但当学员们看到这个十多米高的平台时，就已经意识到，肯定要团队合作才能成功。

在这项训练活动中，学员们发现了团队合作时产生的问题，而且同一个错误总是重复出现。

第一是技术问题，怎样才能从地面爬上平台？各个组都采取同一种方式先把个头最高的那个人送上去，然后再让他站在平台上往上拉人。

第二是人性问题，如何克服个别人的弱点？比如说个子的高矮、体重的多少，每个人对这项任务都有自己的意见。但如何选择一个最佳的办法，既能同时兼顾大家的利益，又能激励团队的勇气是最关键的。

经过类似的训练之后，新学员们在日常的生活和学习中就能相互帮助、团结一致了。而这也给他们带来了好处。在这种情况下，团队中每一个人的力量好像都变得更加强大，不会因为团队而变得默默无闻。

实际上，这也是一个去"我"为"我们"的过程。一个人只有弱化自我，达到与团队充分合拍，才能形成高度的使命感，完成看似无法完成的工作。

1778年6月28日，空气特别潮湿，气温将近38度。这天，乔治·华盛顿将军决定对英全面开战。

在查尔斯将军领导的一次试探性攻击之后，美国的革命力量在华盛顿将军的领导下开始了一场对抗英国人的激烈炮战。这是美国独立战争中规模最大、持续时间最长的一次战役。仅几个小时，双方就向对方阵地倾泻了成吨的炮弹。此外，双方还各有数十枝枪在激烈互射。很长一段时间里，双方势均力敌。

战争在继续，战士们已经筋疲力尽了，许多人喊着要喝水。炮手威廉姆·海斯的妻子玛丽·海斯冲到前线把水送到战士的手里。像当时许多军人的妻子一样，她一直在为前方的战士送水、做饭、照顾自己的丈夫、照料伤员。她就像战士一样献身于追求自由、推翻英国统治的事业。

那一天，她在帮忙护理伤兵，主要工作还是往前方送水，送水回来，发现接替威廉姆的战士已经受伤，刚刚下来休息的威廉姆又上了战场。战斗相持不下，美国人担心输掉这次战役，正在玛丽张望的时候，威廉姆被敌方的炮火击中阵亡。玛丽没有犹豫，她知道炮团缺少炮手，便冲上去接替了丈夫的位置。

一位康涅狄格州的士兵在他的自传中这样描述玛丽的英勇行为：

有一次，她跨了很大一步去取炮弹，这时敌军的一发炮弹打来，刚巧从她两腿之间穿过，没有伤着皮肉，只炸没了她裙子的下半部分。她毫不在意，看了看，继续作战。

又激战了几个小时，英国炮兵顶不住了，被迫后退，美军取得了胜利。

虽然这次胜利不是一次十分重要的军事胜利，但在政治上却意义重大，它极大地鼓舞了革命力量的士气。美军已经能在开阔的战场上和英军对峙、战斗，迫使英军撤退。在美国独立战争中，这次战斗时间最长,英军伤亡人数是美军的2~3倍。为了表彰玛丽·海斯在战斗中的出色表现,乔治·华盛顿将军授予她军士军衔。

玛丽·海斯是美国独立战争中英勇作战人群的代表。他们都有高度的使命感和明确的目标。正是使命感使他们奋不顾身,去做那些有益于他们的事业。

玛丽·海斯在战场上所表现出的英勇行为,显示了一个具有使命感的队员应当具有的特点:

第一,知道团队的目标;
第二,遵从团队领导的指挥;
第三,把团队的任务放在首位;
第四,做该做的事情。

实际工作中,越是优秀的人可能越是容易忽略团队目标,他们往往因为优秀的个人能力而忽略了团队其他人的特长和感受。

圣诞节前夕,当李哲正在美国进修资管硕士学位时,有一门课要求他们4个人一组到企业去实际编写系统。由于同组的另外3个美国人对系统开发都没什么概念,所以他这位组长只好重责一肩挑起,几乎是独立完成了所有的工作。

终于拖到了结案,厂商及老师对他们的系统相当满意。第二天李哲满怀希望地跑去看成绩，结果竟然是一个B，更令人气愤的是，另外3个美国人拿的都是A。李哲懊恼极了，赶快跑去找老师。

"老师，为什么其他人都是A，只有我是B？"

"噢！那是因为你的组员认为你对这个小组没什么贡献！"

"老师，你该知道那个系统几乎是我一个人弄出来的，是吧！"

"哦！是啊！但他们都是这么说的，所以……"

"说起贡献，你知道每次我叫Bryan来开会，他都推三阻四，不愿意参与吗？"

"对呀！但是他说那是因为你每次开会都不听他的，所以觉得没有必要再开什么会了！"

"那Jeff呢？他每次写的程序几乎都不能用，都亏我帮他改写！"

"是啊！就是这样让他觉得不被尊重，就越来越不喜欢参与，他认为你应该为这件事负主要责任！"

"那撇开这两个不谈，Mimi呢？她除了晚上帮我们叫Pizza外，几乎什么都没做，为什么她也拿A？"

"Mimi啊！Bryan跟Jeff觉得她对于挽救贵组陷于分崩离析有巨大的贡献，所以得A！"

"亲爱的老师！你该不是有种族歧视吧？"

"噢！可怜的孩子，你会打篮球吗？"

"这事到底关篮球什么事？"

"不论你是工程师、经理人或是特殊教育的老师，你的成就必须仰赖别人跟你的合作。就像是一个篮球球员那样，任何的得分都必须靠队员之间缜密的配合。好的篮球球员如Jordan，除了他精湛的球技之外，更重要的是他与队员间良好的默契，以及乐于与队员共同追求卓越的精神。"

后来，李哲回忆自己的这段经历时说："时间过得好快，一转眼就已经过了10年的时间，回顾我学习的历程，我发觉在那天上午，我的老师给了我一份甚至比硕士学位更宝贵的圣诞节礼物。他让我了解到狭隘地抱着'你赢就是我输'甚至'只取不予'的生活态度，虽然有时会占到一些小便宜，但是最后只会造成自己悲惨的下场。不论我的目标是升官、发财，还是单纯地享受工作乐趣，我都需要团队的合作才能达到目标，而这个目标代表着每个人的共同目标，所以大家才会放下个人偏见，实现团队共同目标。今天的我，每一天的工作都需要上级的提携、同事的帮助，以及系上同学的大力配合，感谢上帝，从那天开始我就再也没有那么轻易地就搞砸自己的团队。"

没有"我"，而是"我们"，于是就没有了单纯的个人行为目标，就把全部努力的方向和精力投入到整个团队的共同目标当中。这样，才能在整个团队的相互协作中形成合力，凝聚出"1+1＞2"的团队效应，最终在实现共同目标的同时，轻松达成个人目标。

搭建彼此信赖的基石

团队协作源于彼此信任，只有在相互信赖的基础上所进行的协作才有目标上的一致性。

有这样一个小故事，说明对他人妄下定论的行为有多么的愚蠢：

有位叫波特的人搭乘一艘豪华游轮前往欧洲，当他上船之后发现要和另外一位乘客住同一间舱房。他进去看了一下住宿的地方之后，就跑到事务长的办公室询问是否可以把金表和一些贵重物品都寄放在保险箱。这位波特先生告诉事务长，他通常不会这么做，不过他去舱房看过之后，觉得这位同屋的先生看起来不怎么可靠，所以才决定把贵重的物品寄放到保险箱。这位事务长接下他的贵重物品之后说："没有问题，波特先生，我很乐意帮你保管，其实和你同屋的那位先生已经来过我这儿了，他也是因为同样的理由要寄放贵重物品。"

　　相互信赖是个有风险的游戏，但是如果你鼓起勇气先信赖别人，最终你会成为这场游戏的赢家。关于这方面的心得体会，李楠很有发言权。

　　职场新人李楠入职前对同事间的关系还有些陌生，这不利于快速融入团队，建立密切合作关系。有一次，公司搞了一次拓展训练。在拓展训练中，"信任背摔"环节让他完成了"脱胎换骨"般的成长。

　　"信任背摔"是拓展训练中最具典型意义的项目之一，目的是通过这个活动建立起彼此间的信任关系。当一个人站在高1.5米左右的跳台上直挺挺地向后倒下的时候，在台下的同事们会用手搭起一个"人床"把台上摔下来的人接住。

　　关于这次训练，李楠在他的成长日记中，这样记录：

　　台上那个人的手被捆住，下面的同事们用自己的胳膊搭起坚强的后盾，站在队友倒下的方向，每一位队员轮流站在高高的背摔台上，背对着大家，喊"准备好了吗？"回答均是整齐嘹亮的"准备好了！"然后后仰，落入下面的"臂床"上。对台上背摔的人而言，由于看不到背后的情况而产生"我摔下去会不会受伤"的焦虑，此时能否调整自己的心态，相信同伴的力量，果断、勇敢地向后倒下去，是取得成功的关键。

站在1.5米多高的背摔台上，毫无顾虑地躺下去，需要的不仅是勇气，还有对台下队员的充分信任。看着别的同事轮流上台完成了动作后，我的内心紧张又复杂。

我背对着大家说出："……准备好了吗……"我的队友高喊："准备好了！"然后我向后直直地倒下，倾倒的一刹那大脑一片空白，只能用心灵感受伙伴，此时除了信赖，别无选择。

当我在失重的惊惧中倒在队友弹性而牢固的臂中，倒在团队温暖的怀抱时，感觉到心里是那么的踏实。我的眼泪瞬间就流了出来，我从心底感受到了信任和被信任的重要性，也让我意识到：只有充分信任我的同伴，相信我的团队，他们才会在我需要帮助时给我最无私、最真诚的支持。只有信任自己的同伴，相信自己的团队，我们在集体中才会有归属感和责任感，而台下的队员同样要有团结协作的精神，要有承接住上面队员的勇气、信心和责任。

当然，如果日常没有机会参与这样的训练环节，只要在团队当中能真正做到秉持以下6个原则，那么你也可以和团队中的人同心协力建立起一个值得彼此信赖的环境：

1. 聆听他人的心声。

试着去了解别人的感受、观点以及体验，而且要能够守住秘密，就算知道一些敏感或是私人的事情，也不要随便向外透露，先要征求别人的意见。当对方是诚心诚意地想要了解你的为人以及想法时，自然也能够赢得你的信任。

2. 保持正直的品格。

用行动证明你是个说到做到的人，让别人知道你信守承诺。只要是你说要做的事情，别人就完全无须怀疑，简单来说就是要说到做到。你的态度和行为必须和自己说出来的话语一致。这可能是赢得他人信赖最有效的方法了。

3. 杜绝闲言碎语。

无论是谎言、华而不实的话语还是在别人背后的闲言碎语都会使信赖遭到扼杀。不要道听途说，而是应该明察事情的真相。有些事情的真相的确很难让人接受，但是弥补谎言所造成的伤害更令人痛苦。应该培养一种坦诚、有话直说的沟通模式。

4. 尊重别人的价值观。

你对别人的生活状态或许看不过去，或许觉得匪夷所思，但仍需为对方设身处地地着想。当你能够了解别人的想法，并且对其表示认同的时候，双方自然会产生一种真诚的关系，眼里只有自己的人往往无法建立这种坦诚的关系。

5. 关心别人。

当我们匆匆忙忙追求目标的时候，往往忽略了他人的需求。真心诚意地关心别人的需求会为我们自己带来极大的回报。协助别人达到他们的目的，并且让别人感到受尊重。体贴、尊敬、仁爱和相信他人，会培养出信赖感，最终会带领你走上成功的道路。

6. 弥补错误。

愿意坦白承认错误，请求原谅。当你与团队成员之间的关系因为冲突而陷入紧张的时候，努力恢复和谐的气氛。如果有了"伤口"而不加以治疗，那日后会"化脓"，并且使关系受到"感染"。一旦出了问题，很想把责任推到别人头上，也要忍着不这么做，应该勇于承担责任，并且努力弥补失误。

我们必须在实际工作当中落实以上所说的几项原则，才能够稳固地建立起信赖感的基石。当我们用信任的双臂拥抱每一个同事，使每一颗心都能感觉到温暖和力量；当我们充分信任地把后背"摔向"每一个同事，信任的种子就会播种在每个人的心中。

良好沟通：确保船队高效率运行

优秀企业都有一个很显著的特征，企业从上到下都重视沟通管理，拥有良好的沟通文化。一个团队没有默契，不能发挥团队绩效，而团队没有交流沟通，也不可能达成共识。

因此，在工作中，我们要善于与每个团体成员进行有效沟通，并保持密切合作。这样，才能够保证整个船队处于高效运行之中。

1990年1月25日，阿维安卡52航班飞行至纽约肯尼迪机场上空时，像往常一样等候机场调度人员的降落指令。由于当天天气恶劣，需延时降落，时间长了，飞行员发出"燃料快用完了"的信息，要求紧急降落。但机场调度员认为阿维安卡52航班和其他航班一样，是为了尽快降落才发出这样的请求，因此没有给予重视。结果52航班因燃油耗尽而坠机，机上73名人员全部遇难。

这是一个因沟通不畅引发的悲剧，令人感到惋惜和痛心的同时，也让人意识到沟通的重要性。一个不善于沟通的员工，是很难做好工作的。据统计，现代工作中的障碍一半以上都是由于沟通不到位而产生的。如今每个企业，都可以说是人才辈出、高手云集，在这样的环境中，信守"沉默是金"者是不会有任何发展的。

因此，应该积极鼓励身边每一个人，都要将自己放在一个掌握企业命运的高度上，善用每一个沟通的机会，为自己创造出更多的沟通途径，与自己身边的成员充分交流，这样才能凝聚团队达成共识。

员工尤其应该注重与主管领导的沟通，因为管理者要考虑的事情很多很杂，许多时间并不能受自己主动控制，因此经常会忽视与部属的沟通。更重要的一点是，管理者在下达命令让员工去执行工作后，自己并没有亲自参与到具体工作中去，因此没有切实考虑到员工所遇到的具体问题，总认为不会出现什么差错，导致缺乏主动与员工沟通的意识。作为员工应该有主动与领导沟通的意识，这样可以弥补管理者因为工作繁忙以及没有具体参与执行工作而忽视的沟通。

美国金融家阿尔伯特当年初入金融界时，他的一些同学已在金融界内担任高职，成为老板的心腹和得力助手。他们传授阿尔伯特一个最重要的秘诀：一定要主动和老板讲话。

有的员工也逐渐意识到了沟通的重要性，因此在工作中与他人的沟通也变得积极起来了。但是在沟通中，员工往往会有这样的误区：喜欢按照自己的工作方式来完成分内之事，对和自己无关的工作丝毫不关心；还有一些人，虽然有良好的沟通态度，却没有掌握正确的沟通方法。而这些普遍存在的沟通误区可简单归纳为以下几个方面：

误区一：只要具备沟通意识，就能高效沟通。

职场中，有很多专业能力较强的人，多数人不会意识到沟通的重要性，认为自己只要把本职工作做好就可以了。但当他们有一天一旦意识到沟通的重要性时，就会乐于沟通了。但是在具体的沟通过程中，他们不自觉地就扮演了教师、权威、家长的角色，总是以居高临下的口吻与人沟通。这样就会给沟通对象造成压迫感，反而阻碍沟通。实际上，即使最懂得沟通的人，也需要因人或环境的不同来改变自己的沟通风格和技巧。

误区二：沟通就是寻求统一。

在现代企业中，很多人都习惯以自我为中心，当别人的观点与自己不一致时，就会觉得别人在挑衅自己，这种想法是不正确的。事实上，沟通的目的并不是要证明谁对谁错，也不是一场你输我赢的游戏，它的最终目的是要促进成员之间的良性沟通，从而使工作有秩序、有效率地落实下去。

误区三：沟通就是说服别人。

在团队沟通中经常会出现这种情况：某人掌握整个谈话过程，其他人只有做听众或服从的份儿。沟通必须是互相分享、双方互动的，要跳出自我立场而进入他人的心境。沟通的目的是要了解他人，而不是要他人同意。因此，要避免走进"和自己说话"的陷阱，这样的沟通才能有效。

误区四：技巧决定沟通是否成功。

员工过于"迷信"沟通技巧。在沟通中非常重要的是要创造有利于交流的态度和动机，把心敞开，也就是通常所说的从心开始沟通。

学会沟通并不表示日后的人际关系就能畅通无阻，但是，有效的沟通可以使团队成员坦诚合作，有人情味地分享，以人为本位，以人为关怀，在工作中享受自由、和谐、平等的工作氛围。

其实，沟通有很多种方式，有通过表情的，有通过书面的，不过语言还是最惯用的方式。语言的清晰程度、语速的快慢、用词的准确与否、说话的语气神态等都会影响到沟通的效率。因此，沟通不是简单地表达和倾听，沟通不仅要做到完好地表达意思和情感，还需要做到能挖掘人们潜藏的意识并完美地回复能引起共鸣的信息。

第六章

细节无漏,驶万年船:
超高标准,厘清盲角

魔鬼藏于细节中:绝不在细节处翻船

绝不做"差不多"船员

把简单的工作做到极致

较真精神:把细节做好做精

高标准:打造心中的旗舰

魔鬼藏于细节中：绝不在细节处翻船

中国有句古话："泰山不拒细壤，故能成其高；江海不择细流，故能就其深"。意思是说，泰山之所以有这样的高度，正是因为不拒绝渺小的土壤；江河之所以有这样的深度，正是因为不拒绝细微的溪流。工作也是如此，我们所取得的成绩，都是由一个个细节组成的。

工作细节也就是我们工作中的点滴小事，做好这些小事也许不需要我们有多强的工作能力，但必须要拥有认真的态度。我们不能轻视这些小细节，因为很多时候，正是这些微不足道的小细节有可能决定我们的成败。

日本著名企业家松下幸之助曾说过："在工作时，不要放过任何细节。"工作中，因忽略细节给个人以及企业造成损失的案例不在少数。所以，我们在工作中也应该注重细节，并能认真地把细节做好、做到位，这样才能保质、保量地完成任务。

密斯·凡·德罗是20世纪全世界最伟大的四位建筑师之一，在被要求用一句话来描述他成功的原因时，他说了："细节就是上帝。"他反复强调的是，不管你的建筑设计方案如何恢宏大气，如果对细节的把握不到位，就不能称之为一件好作品。细节的准确可以成就一件伟大的作品，细节的疏忽会毁坏一个宏伟的规划。

商业巨头沃尔玛之所以在强手如林的商场上独树一帜，也是得益于细节管理。一名新员工到公司上班时，会得到一本厚厚的公司小册子。小册子会告诉他外出工作时应带的物品，如何避免无聊的闲话、如何着装、何时休息等。正是这些所谓的细枝末节，才造就了今天沃尔玛世界零售业的霸主地位。

随着技术共享和信息传播的加剧，企业与企业之间产品、技术、成本、设备、工艺等克隆性越来越强，差异性越来越小，市场竞争越来越表现为细节的竞争。在客户服务上，已经细到自带拖鞋上门；细到怎么按门铃；细到预约时间上尽量给人方便；细到递名片时姓名要朝着对方。

一天，美国通用汽车凯迪拉克车型售后部门，收到一封客户的投诉信，信的内容是：这是我第三次为同一件事情给你们写信了，我不会抱怨你们为什么没有给我回信，因为在别人看来，我或许脑子出现了问题，但不可否认的是，这问题是真实存在的。

我们家里有一个传统的习惯，在全家用完晚餐后，我们都会把冰淇淋作为饭后甜点。但是冰淇淋的口味有很多种，所以我们全家在饭后会进行一个投票，以此决定吃什么口味，然后由我开车出去买。

但是自从我买了一辆新款凯迪拉克汽车之后，在开着它去买冰淇淋的过程中就不断出现问题。每当我买的冰淇淋是草莓口味，从店里出来之后，车子就发动不了。但是如果我买其他口味的冰淇淋，车子很容易就能发动。我想告诉你，我对这件事情非常认真，尽管听起来是有些不可思议。可是为什么我每次买草莓口味的冰淇淋，它就不能发动，这究竟是为什么呢？那可是我刚买的新车啊！"

凯迪拉克售后部经理虽然怀疑这是一起恶作剧，但是还是派了一位经验丰富的工程师去查看究竟。工程师与客户约定见面的时间，正是他们全家刚用完晚餐之时，两人便开着凯迪拉克汽车，朝冰淇淋店驶去。这次买的冰淇淋是草莓口味的，当从店里出来之后，车子果然如客户所说怎么也发动不了。之后，按照约定，工程师连着来了三个晚上。

第一晚，买的是牛奶味冰淇淋，汽车能正常发动。

第二晚，买的是抹茶味冰淇淋，汽车能正常发动。

第三晚，买的是草莓味冰淇淋，车子又不能发动了。

工程师无论如何也不能相信，汽车居然会对草莓味冰淇淋过敏，但这也激起了他的好奇心。接下来几天，他按照相同的行程观察这部汽车，并开始记录驾驶汽车前后的种种数据，比如行程所用的时间、车子使用的汽油种类等等。通过不断总结，工程师终于找出了问题的症结所在。

原来，客户买草莓味冰淇淋所用的时间，要比买其他口味冰淇淋所用的时间要短很多。这也和冰淇淋店的经营方式以及设置有关。因为草莓味冰淇淋是所有口味冰淇淋当中最受欢迎的，冰淇淋店为了能让顾客尽快取到草莓口味的冰淇淋，便将草莓冰淇淋单独放在一个冰柜里，并且将冰柜放在其他口味冰淇淋的前面。

现在，工程师面对的问题是，为什么发动机熄火时间较短，就很难发动？原来问题是出在"蒸气锁"上，因为熄火的时间太短，以至于发动机过热，导致"蒸气锁"没有足够的时间散热。据此，这位工程师重新设计了一种新型的、更为完善的汽车散热系统。

细致的客户提出细致的问题，细致的工程师则对问题进行细致地分析，直到解决问题为止。正所谓"成也细节，败也细节"，无论在大事情上，还是在小事情上，我们都应该关注细节并从细节出发，如此才能将工作做到滴水不漏。

一个人和团队，要想取得成功，就必须注重细节，踏踏实实地做好每一个细节，只有懂得把细节处理好的个人和团队才是完美的个人和团队。

绝不做"差不多"船员

2006年,身为汕头大学校董事会名誉主席的李嘉诚先生,在汕头大学毕业典礼上以《打倒差不多先生》为专题致辞。

他这样说道:

我最近重读了胡适先生1924年所写的《差不多先生》,差不多先生若真有其人,他早应该不在人世。

现代科学至今还未找到人死复生的灵丹妙药,何以独是差不多先生能成功存活于世?也许胡适的差不多先生已变异为病毒,通过散播,感染越来越多人。病毒强烈的僵化力使脑筋本来聪明的人思想停滞不前,神志昏沉,虚度其漫无目的又无所期待的庸碌日子。

……

当我重读这篇名著后,令我惊骇的不仅是差不多先生可怜的愚昧，更糟的是旁人接受如此荒谬的存在方式，还企图开脱，这种扭曲式的浪费智能的行为足以令人哭泣。

……

医生准确断症是病人痊愈的起点，差不多是一种折损人灵魂的病，令人闲散。要知道，人的生命光辉需要凭仗自我驰骋超越。各位同学，如果你不愿被命运扣上枷锁，你必须谨记，活着是一种参与，你要勇于思考、尊重科学、尊重原则，能感受、有追求、有关心，能经得起考验，骨中有节，心中有慈，心中有爱。

……

终我一生，我将毫不含糊和不变地活出我精神力量的华彩和我血肉热切之心！我是绝对不会成为差不多先生的，你们呢？

从李嘉诚的致词中，我们能深刻体会到，"差不多先生"在工作中还是很常见的，或许在不经意中我们自己也在扮演这样的角色。

有一年，一位精明的面粉厂老板察觉到全国的小麦价格有上涨的趋势，他认为如果能抓住这次时机，大量采购一批小麦囤积起来，等小麦价格上涨的时候，不论是自用还是抛售，都能从中大赚一笔。想到这里，老板不禁为自己的想法感到得意，于是他立马派了一名业务员去小麦产区采购小麦。

小麦的价格有上涨的趋势不假，但是这位精明的老板似乎忘记了，产区粮库的负责人也格外关注全国小麦的价格，很快也收到了小麦涨价的消息，所以大多数粮库都待价而沽，并不想卖粮食。这位业务员几乎把所有的粮库都跑遍了，但都吃了闭门羹。

业务员把心一横，开始对粮库的负责人死缠烂打，央求他多少卖一些小麦给自己。负责人再三解释了不愿意卖小麦的原因，可是业务员就是不听，最后负责人实在没办法，就对他说："我这有的是小麦，卖给你也不是不行，可是价格可不低，1000元一吨，不会降价，你要是嫌贵就别买了。"

业务员一听顿时傻眼了，不知道该买还是不该买，因为他出来已经有几天了，根本无从知道全国小麦的价格究竟上涨到什么程度了。于是，他不得不向后方的老板发电报询问："一万吨小麦，1000元一吨，价格高不高，买不买？"

老板收到电报后，气得大发雷霆，对秘书说："真不知道他这个业务员是怎么当的！现在小麦的最高价格每吨还不到900元，他居然给我报了1000元，真是岂有此理！你马上告诉他，不买，价格太高了！"

秘书见老板发了火，不敢怠慢，马上去邮局给那位业务员发了电报："不太高。"

三天后，业务员就带着一份订购小麦的合同回来了，他喜滋滋地把合同交给老板。老板丈二和尚摸不着头脑，接过合同仔细一看，脸色立马变得铁青，大骂业务员。业务员更是一头雾水，十分委屈地向老板解释说："我是接到您的命令才签订的合同，我没有做错啊。"

老板一看业务员的表情，不像说谎的样子，于是立马追查，事情很快就真相大白了。这件事情确实和业务员没有关系，责任全在秘书身上。秘书在发电报的时候，"不"后面竟然没加句号。如果按这份合同执行，面粉厂必然会亏损一大笔钱。后来还是老板亲自出马，挽回一些损失，而那位秘书也很快就被解雇了。

"不太高"和"不。太高"就相差一个不起眼的句号，结果却关乎着一家工厂的存亡衰败。而在实际工作中，有很多员工心怀"差不多"的态度，比如向上级汇报工作情况时，他们往往会这样回答："差不多了。"如果企业中每个人都是"差不多""凑合事"，不仅会导致企业难以获得利润，甚至还会因不慎造成重大事故。

所以，要想避免成为一位"差不多"船员，首先要牢牢树立"差不多"就是"差得多"的观念，必须牢牢记住，工作只有不打折扣地去落实，才能取得既定的成果。从不怀着"差不多"的态度去工作的德国人就值得我们学习。

一家公司从德国订购了一批先进的设备，在后期设备调试的过程中，德国工程师发现设备上有一颗螺丝钉歪歪斜斜地拧在设备上，紧固度暂时没有问题。同时，中国的工程师也发现了这个问题，但只是无所谓地说："这不是什么要紧的大事，所有设备上的六角螺丝的紧固力度不可能都一样，差不多就行了。"德国工程师听了，却摇了摇头说："虽然暂时不会出现什么大问题，但时间一长，恐怕就会出大问题。再说了，安装这个螺丝钉的时候也没有遵循标准流程。所以，我必须重新拧一次螺丝。"

原来，设备上的这些螺丝比较大，所以必须由两个人配合，一个固定扳手，另一个紧固螺丝。而我们的工人却是一个人就凑合搞定了螺丝。

同样是拧螺丝，中国工程师和德国工程师有着截然不同的工作态度。由此可见，在很多情况下，一个员工之所以无法实现从优秀到卓越的升级，最大原因不是不具备技术、能力和设备上的优势，而是因为缺乏一个"差不多就是差得多"的认真态度。

反省一下自己吧，是否经常对自己制订的计划做出让步？觉得差不多就行？如果是，赶紧与"差不多先生"划清界限，把这种对自己不负责任的态度丢掉，认真做好每一件工作。

把简单的工作做到极致

很多人都不喜欢做简单的事情，因为这些事情根本就不值得一做，与其耗在这么没有含金量的事情上，与其浪费自己的宝贵时间，不如寻找点刺激，做一些有挑战性的工作。但是实际上，事实并非如此。如果一个人连很简单的事情都做不好，又怎么能去做复杂的事情呢？

而实际上，不论大事还是小事，其实都是务实之事，只要干好了，都是业绩。再者，小事和大事之间都有着内在联系，凡是小事干不好的人，多数情况下都很难干成大事。海尔集团首席执行官张瑞敏曾说："把一件简单的事情做好就是不简单，把每一件平凡之事做好就是不平凡。"如果能把每一件小事做细，做到极致，那就等于干成了一件大事。

美国一家园艺公司曾在报纸上刊登过这样一则启事：重金悬赏能够种出纯白色金盏花的人。消息一出，吸引了不少好奇的人，大家趋之若鹜，纷纷报名参加。

但是过了没多久，人们的热情就渐渐消失了，因为自然界中的金盏花只有两种颜色，金色和棕色，从来没有人见到过白色的，别说一般人种不出，就连专家也站出来说："世界上根本就不存在纯白色的金盏花。"就这样，这件当时十分热闹的事情逐渐被人们淡忘了。

20年后，这家园艺公司竟然收到了一封热情洋溢的应征信，还有一把种子：纯白色的金盏花被培育了出来。消息不胫而走，在当地引起了不小的轰动，新闻界很快就找到了这位神秘的应征者。

原来应征者是一位年过古稀的老妇人，是一个普通的种花人。20年前，她看到报纸上的启示后，决定尝试种植白色的金盏花。

老人的子女得知母亲的想法后，都认为她有些异想天开，便劝阻她说："世界上根本没有白色的金盏花，您又何必劳神费心呢？"但是不论别人如何劝说，老人都没有动摇，而是开始培育她心目中的白色金盏花。

她首先播种了一些很普通的种子，金盏花盛开的时节，她就从中挑选出花朵颜色最淡的那棵，等它凋零、枯萎、脱落，以获取成熟的种子。第二年，她把这棵花的种子再播种下去，等到开花的时候，再挑选其中最淡的一棵……就这样，她不停地播种、收获，周而复始，一直种了20年。

20年后，金盏花盛开的这天，白色的金盏花就开在老人的面前，白得耀眼，白得晶莹剔透，那一株纯粹的白，惊得所有见过它的人都目瞪口呆。这位对遗传学一窍不通的普通种花老人，竟然攻克了连专家都望而却步的难题，培育出了美丽的白色金盏花。

老人之所以能培育出第三种颜色的金盏花，就在于她能年复一年，把种花这件简单的事情坚持了20年，终于创造了一个奇迹。而在职场中，很多人从事的虽然是一些简单的工作，但我们不能因它简单而忽视它，要知道优异的成绩都是由简单的工作积累起来的。

正如荀子在《劝学》中说："积土成山，风雨兴焉；积水成渊，蛟龙生焉；积善成德，而神明自得，圣心备焉。故不积跬步，无以至千里；不积小流，无以成江海。"把精力放在简单的工作中，并做到极致，最后小事也就变成了大事。

实际上，世界上任何一件事情，不管简单还是困难都值得我们去做，任何时候你都不能轻视自己的工作。每一份困难的工作都是由简单工作开始进行积累的。因此，你需要在做每一份工作的时候都全力以赴。你需要积极主动，做到尽善尽美。

较真精神：把细节做好做精

人在有些事情上需要有较真精神，才不至于丧失了自己的性格特色，而且有很多事情，必须自己较真，这样你才能将事情做到尽善尽美。

爱迪生曾说过这样一句话：我所有的发明与创造，都不是来自偶然！是的，爱迪生的一生是辛劳的，也是较真的。

爱迪生12岁时开始他艰苦的闯荡生涯，一直到24岁时才有了自己的工厂和幸福美满的家庭。但是，他没有就此止步，在1878年，他宣布要发明一种光线柔和、价格更便宜的安全电灯。

为了找到合适的灯丝，爱迪生试过硼、钌、铬、炭精以及各种金属合金，共1600多种材料，13个月的尝试，结果却都失败了。于是，一些人开始挖苦他，说爱迪生这次是"吃进了自己啃不动的东西"。

一个曾经在爱迪生那里工作过的物理学家称这个试验是"大海捞针",但是爱迪生不怕失败,坚持试验,下决心要从大海中捞起针来。

功夫不负有心人,1879年10月10日,星期天下午5时,爱迪生点亮了用碳化棉丝做灯丝的灯泡。

爱迪生用自己的经历告诉我们,人在做一件事情的时候,只有自己认真,一丝不苟地做,和自己较真,你才可能坚持把这件事做完,如果你真的与其中的所有细节较真,你的事情才会做到完美。

国内一位做房地产的企业家曾回忆了这样一件事情:

这位企业家曾经和德国的一家房地产公司合作,一个从总部来的工程师,为了拍一张合作场地项目的全景,本来在楼上就可以拍到,但是他还是不顾别人的劝阻,执意徒步走了好几公里,爬上附近最高的一座山,把场地项目周围的景观也拍了进去。

这位企业家就问他:"现在公司就派来你一个人来洽谈业务,你可以想怎么干就怎么干,为什么还要这么较真?"

工程师回答说:"回去在开董事会的时候,我要能详细、客观地介绍合作项目的真实情况,如果不和自己较真,那就是我的失职。"

通过这位工程师的回答，我们就不难理解，为何很多人会喜欢德国人生产的奔驰和宝马轿车了。从儒雅、大方的外观到性能优良的发动机，奔驰和宝马轿车近乎完美的工艺完美地诠释了德国人对工艺的较真精神。

如果我们每个人在工作中，都能做到处处较真，不放过任何一个细节，那么就没有做不好的工作。

陶渊明用较真的精神坚守住了自己高洁的品质；曹雪芹用自己较真的精神著成了震撼世界的名著；著名企业家马云，也用自己较真的精神成就了自己的一番伟业，被人尊称为"创业教父"。

生活在这个时代的我们，更需要坚强的毅力、高度的社会责任感以及更重要的较真精神，只有这样才能促进我们事业的成功，自身品质的提高，才能多为社会做贡献。

高标准：打造心中的旗舰

书刊上曾经登过这样一则笑话："法国人盖房子通常是给上帝和神仙住的，除了建筑时候的工作态度认真和神圣之外，他们根本就没有考虑让上帝和神仙啥时候住进去，因为他们从来就没有时间表，就当自己的房子一样，踏踏实实，永远是质量第一。"

其实，工作就像是盖房子，所不同的是，有的人认为是在为别人盖，有的人则认为是在给自己盖。给别人盖，当然差不多能通过验收就万事大吉了，而给自己盖则一定会以高标准来要求自己，力求尽善尽美。不同的态度，得到的结果自然是不同的。

在美国，流传着一个真实的故事。很多年前，一个年轻人来到一家著名的酒店当服务员。这是他初入社会的第一份工作，因此他非常激动，曾暗下决心："一定要干出个样子来！"但是新人在培训期间，上司给他安排的工作竟然是去洗马桶，而且工作质量要求高得惊人：必须把马桶洗得光洁如新！

说实话，面对马桶，除了让他在视觉和嗅觉上难以忍受之外，内心的屈辱更伤害了他的自尊心。当他拿着抹布尝试着去洗马桶的时候，却始终无法适应，每次都恶心得直反胃。这让他每天都活在痛苦之中，他知道再这样下去，自己肯定会疯掉。为此，他想过放弃这份工作，另谋生路，可同时，他又有些不甘心，难道就这样认输了吗？

就在他处于矛盾的时候，一个前辈出现了。她及时帮他摆脱了痛苦和困惑，让他重新审视了这份工作，更重要的是给他指明了未来的方向。她没有给他讲大道理，而是亲自示范她是如何洗马桶的。她首先蹲在马桶边，然后一遍一遍地擦洗马桶，甚至连小角落都没有放过，直到将马桶洗得光洁如新。

年轻人看到了她洗马桶的整个过程，但仅仅是佩服她对工作的态度，内心并没有太多触动。她见年轻人这般表现，大概是看穿了他的想法，依然没有说一句话，而是从马桶中舀了一杯水，然后一饮而尽，没有皱一下眉头。实际行动胜过万语千言，她身体力行地告诉了年轻人一个极其简单的真理：光洁如新的要点在于"新"，新则不脏，因为没有人会觉得新马桶脏，这样一来，新马桶里的水自然是能喝的，换句话说，只有马桶里的水干净到可以喝的程度，才算是真正把马桶洗得"洁净如新"了，而这一点也完全能够做到。同时，她还给了他一个微笑，微笑里充满了鼓励和关注。

年轻人被彻底震撼了，他看着一脸微笑的她，惊得目瞪口呆！从这件事情得到了很大启示的他，这才开始意识到自己的工作态度出现了问题，一个连马桶都洗不干净的人，又能做成什么大事情呢！于是他痛下决心："就算一辈子洗马桶，也一定要成为洗马桶中最出色的人！"

第二天，他像换了一个人一样，洗起马桶来格外卖力，就连马桶不容易洗到的地方也会想办法洗干净，从此，他成为该酒店最优秀服务员的同时，也踏上了成功之旅。

几十年一晃而过，这位年轻人成了世界旅馆业大王，他的事业遍布全世界。他就是康拉德·N·希尔顿。

把细节做到极致是一种高度负责任的表现，如果当年希尔顿没有那位贵人的指点，或许就意识不到自己的工作态度出了问题，自然就不会在细节上下功夫，也就不会有后来闻名世界的希尔顿酒店了。

"制造世界上最好的汽车"是劳斯莱斯的座右铭。每辆劳斯莱斯车都是最棒的，"完美"成为劳斯莱斯的唯一标准，这种完美为它赢得了永恒的声誉。同样，做到完美是任何一个企业或个人所追求的最高标准。

成功者无论从事什么工作，都绝对不会轻率疏忽。因此，在工作中，你应该以最高的标准要求自己，能做到最好，就必须做到最好。任何一个优秀企业都必须设法先使每个成员具有凡事"做到最好"的思想，没有这一思想的员工就无法给顾客提供高质量的服务，也难以生产出高质量的产品。

第七章

高歌猛进，一往无前：
创新方法，提速增效

始终以最佳的精神状态工作

灵活船员：随机应变，手脑并用

巧干能捕雄狮，蛮干难捉蟋蟀

成功＝创新＋实干

掌握最常用的5种创新方法

始终以最佳的精神状态工作

可能很难说清楚，精神状态是如何影响人们的工作进程的，但是我们都知道没有人愿意跟一个整天提不起精神的人打交道，也没有哪个老板愿意提拔一个精神萎靡不振，牢骚满腹的员工，这一点是毋庸置疑的。

一位微软的招聘官员曾对一个记者说：

"从人力资源的角度讲，我们愿意招的'微软人'，他首先应是一个非常有激情的人：对公司有激情、对技术有激情、对工作有激情。可能在一个具体的工作岗位上，你也会觉得奇怪，怎么会招这么一个人，他在这个行业涉猎不深，年纪也不大，但是他有激情，和他谈完之后，你会受到感染，愿意给他一个机会。"

始终以最佳的精神状态工作，不但可以提升你的工作业绩，而且还可以给你带来许多意想不到的成果。对于刚刚进入公司的员工而言，自觉工作经验缺乏，为了弥补不足，常常早来晚走，斗志昂扬，就算是忙得没有时间吃午饭，依然很开心，因为工作有挑战性，感受也是全新的。

这种刚刚着手工作时激情四射的状态，几乎每个人在初入职场时都经历过。可是，这份激情来自对工作的新鲜感，以及对工作中不可预见问题的征服感，一旦新鲜感消失，工作驾轻就熟，激情也往往随之消减。一切开始平平淡淡，昔日充满创意的想法消失了，每天的工作只是应付完了即可。既厌倦又无奈，不知道自己的方向在哪里，也不清楚究竟怎样才能找回曾经让自己心跳的激情。日久天长，在老板眼中，你也由一个前途无量的员工变成了一个还算合格的员工。

所以，保持对工作的新鲜感是保证你工作有激情的有效方法。要想保持对工作恒久的新鲜感，你应先从以下两方面开始：

首先，必须改变工作只是一种谋生手段的认识，把自己的事业、成功和目前的工作连接起来。

其次，给自己不断树立新的目标，挖掘新鲜感；把曾经的梦想拣起来，找机会实现它；审视自己的工作，看看有哪些事情一直拖着没有处理，然后把它做完……

在你解决了一个又一个问题后，自然就产生了一些小小的成就感，这种新鲜的感觉就是让激情每天都陪伴自己的最佳良药。

可喜的是，精神状态是可以互相感染的，如果你始终以最佳的精神状态出现在办公室，工作有效率而且有成就，那么你的同事一定会因此受到鼓舞，你的热情会像野火般蔓延开来。

麦克是一个汽车行的经理，这家店是20家连锁店中的一个，生意相当兴隆，而且员工都热情高涨，对他们自己的工作表示骄傲。

但是麦克来此之前，情形并非如此。那时，员工们已经厌倦了这里的工作，甚至认为这里的工作枯燥至极，公司中有些人已打算辞职。可是麦克却用自己昂扬的精神状态感染了他们，让他们重新快乐地工作起来。

麦克每天第一个到达公司，微笑着向陆续到来的员工打招呼，把自己的工作一一排列在日程表上，他创立了与顾客联谊的员工讨论会，时常把自己的假期向后推迟。总之，他尽他一切的热情努力为公司工作。

在他的影响下，整个公司变得积极上进，业绩稳步上升，他的精神改变了周围的一切，老板因此决定把他的工作方式向其他连锁店推广。

《生命是一个奇迹》的作者查理·琼斯提醒我们：

"如果你对于自己的处境都无法感到高兴的话，那么可以肯定，就算换个处境你也照样不快乐。换句话说，如果你现在对于自己所拥有的事物，自己所从事的工作，或是自己的定位都无法感到高兴的话，那么就算获得你想要的事物，你还是一样不快乐。"

因此，要想把自己变得积极起来，这完全取决于你自己。在充满竞争的职场里，在以成败论英雄的工作中，谁能自始至终陪伴你，鼓励你，帮助你呢？不是老板，不是同事，不是下属，也不是朋友，他们都不能做到这一点。惟有你自己才能激励自己更好地迎接每一次挑战。

始终以最佳的精神状态工作，让老板觉得你是一个值得信赖而又富于激情的人。越是疲倦的时候，越穿得好，越有精神，让人完全看不出你的一丝倦容。

总之，每天精神饱满地去迎接工作的挑战，以最佳的精神状态去发挥自己的才能，就能充分发掘自己的潜能。你的内心同时也会变化，变得越发有信心，别人也会越发认识你的价值。

良好的精神状态是你责任心和上进心的外在表现，这正是企业管理者期望看到的。尽管良好的精神状态不是财富，但它会给你带来财富，也会让你得到更多的成功机会。所以，就算工作不尽如人意，也不要愁眉不展，无所事事，要学会掌控自己的情绪，让一切变得积极起来。

灵活船员：随机应变，手脑并用

优秀的船员不是只知道单纯地被动执行工作任务，而是灵活地将智慧与执行精神结合在一起。因为在实际工作过程中，有时候会遇到复杂多变的情况，这时候就要讲方法，懂得随机应变，手脑并用去寻求解决办法。

刚刚毕业的陈小云在一家报社实习。这是他的第一份工作，所以无论做什么都是小心翼翼，生怕会有什么差错。但是工作一段时间后，他几乎怀疑自己的额头上刻着"新人"两个字，因为不管是和老记者外出采访，还是开周例会的时候，每个人见到他都会冲他笑笑，然后毫无例外地来一句："刚毕业的吧？"

陈小云十分郁闷地检查了自己的仪表：西装袖口的商标已经剪掉，白色衬衣洁净如新，低调的暗黑色条纹领带，黑色的皮鞋擦得油光可鉴，一切都没问题啊。一直到后来，他才渐渐地意识到，问题可能出在自己没有"职业范儿"。

和老记者一起外出采访的时候，老记者气场强大，言简意赅，几句话下来，就和采访对象谈笑风生，一副老朋友的模样。可他呢，人家都快聊了一个小时了，他却连一句话都插不上，只好拿着个小本子不停地记。终于等到采访结束，陈小云还得帮助老记者整理采访录音。所谓的整理，说白了就是一边听录音，一边把文字敲进电脑里面。这不仅是一份毫无技术含量的工作，而且还十分劳累，当然也没有稿费，更别奢望最后的文章中能有自己的署名，唯一的回报就是老记者对他的一句感谢。即使如此，每次报社有谁要整理采访录音，陈小云总是一马当先，而且乐此不疲。

或许有人会认为陈小云是在犯傻，与其有时间替别人整理枯燥的录音材料，还不如自己读书学习。但事实上并不是这样，陈小云有他的打算。每次在整理采访录音时，他都会十分留意这些老记者是如何采访的：第一次见面如何寒暄；怎么在最短时间里和采访对象拉近距离；用什么方式提问，如何委婉追问，又该怎样将问题深入。等稿件见报后，陈小云便对照着录音材料，揣摩老记者如何为文章立意、取舍素材以及谋篇布局的技巧。陈小云就这样不显山不露水地学了不少东西。

后来，陈小云不仅和整个报社的同事关系处得十分融洽，而且还被报社聘用为正式员工。

多年以后，已经是副总编的陈小云，在一次和朋友的聊天中，总结了他的工作经验:"当年,我刚进大学没多久,就担任了校园报纸的总编,也是整个大学里的风云人物,老师也十分看重我。但是一踏上社会工作,我才发现,把学校里学到的知识应用到职场中还是远远不够。尤其是在报社这种单位,想要留下来,经验的积累就尤为重要。所以,在工作中,光有才华是远远不够的,你还要学会手脑并用,快速积累更多的工作经验,这样才可能获得成功。"

不论职场新人还是老员工,在当今这个不学习就落伍的时代里,也许会遇到类似陈小云的境遇。这时候,不能自暴自弃,也不能东一榔头西一棒子地蛮干,而是应该在必要的时候停下来好好思考一下,积极寻找解决问题的办法。要知道,一个肯动脑思考问题的员工,才是企业最需要的员工。

日本东芝电器公司曾受到经济风波的冲击,生产的电风扇一度滞销。公司里的销售人员尝试了很多种促销方法,但电风扇的销量依然没有得到大幅度的提升。这时,一个普通销售人员见到这种情况,也开始积极想办法替公司解决难题。

这天,这位销售人员来到大街上,边走边看两边商店的促销广告,希望能够从中得到一些启发。走到街道的拐弯处时,看到几个小孩拿着五颜六色的小风车在玩,他脑海里突然浮现出一个想法:"现在市场上风扇的颜色太过单一,能不能把风扇的颜色改变一下呢？不同颜色的风扇一定可以吸引很多年轻人。"想到这里，这位销售人员马上回到公司，并将自己的想法向上级作了汇报。上级也觉得他的建议很好，并予以采纳。

这年夏天，东芝公司生产出一批彩色电风扇，一经推出，就引发了抢购风潮，几十万台风扇在短时间内销售一空，公司的销售额也得到了极大提升。而提出建议的那位销售人员，也因此获得公司的一部分股份。

在工作中，如果仅听安排或者被动地等待，那么我们永远也不会成为一个优秀的员工。不论到什么时候，只有积极开动脑筋、主动寻找解决问题的办法，最后才能把事情做到最好。

巧干能捕雄狮，蛮干难捉蟋蟀

俄罗斯有这样一句谚语："巧干能捕雄狮，蛮干难捉蟋蟀。"这句话道出了这样一个真理：蛮干不如巧干，实干不等于蛮干。

在《射雕英雄传》电视剧里有这样一个情节：女主角黄蓉被一个巨大的海蚌夹住了脚，费了很大的劲也掰不开，结果抓了一把细沙放到蚌壳里面，蚌就自己打开了，因为蚌最怕的就是细沙。这就是所谓的"卤水点豆腐，一物降一物"。

在实际工作中，很多员工都有这样的误区：在工作量与成功之间存在一种直接的联系，投入的人力、物力、财力和精力越多，获得的成绩就越大。事实上，并非如此，很多工作如果不能学会巧干，即使投入再多也只能是事倍功半。

一天，一家建筑公司的一名员工提着一只笼子，笼子里装着两只小白鼠，他是来找主管报销买小白鼠的钱。主管不明就里，于是问其原因。

员工答道："我们公司新建起一栋办公楼，需要安装电线。我们要把电线穿过墙壁上的管道，这条管道长为30米，直径是3厘米，并且拐了好几个弯。到昨天为止，同事们还是没有想到解决的办法，最后我想到了一个好主意。我从商店买来两只小白鼠，一只是公的，另一只是母的。然后我把电线绑在公老鼠的身上，把它塞到管道中，另一名同事把母老鼠带到管道另一端，并且让它叫出声音来。公老鼠一听到母老鼠的叫声，就会顺着管道去找它，这样，公老鼠就代替我们拖着电线穿过整个管道。"

主管听了员工的解释，心中大为欢喜，非常欣赏这位爱动脑筋的员工。

其实，工作中有许多问题看起来并没有想象中的那么难，我们有时候只需要多想一步，可能就能顺利地找到解决的办法。正如案例中的那位员工一样，遇到问题首先不蛮干，不和问题纠缠，而是跳出常规思维，迂回解决问题。

工作中，我们要想取得成绩，就要学会巧干，巧干不仅能提高我们的工作效率，也能在最短时间内解决问题。不过，需要注意的是，巧干不是投机取巧，巧干需要与实干结合起来，最后才能产生出巨大效益。黄罗轩就是一个既懂实干也懂巧干的典型代表。

黄罗轩是湛江航标处养护中心的一名职工，迄今为止，她在这个岗位上已经默默付出了30多年。

黄罗轩的日常工作虽然并不复杂，就是敲锈、喷沙、喷油漆，但是保养工作极为繁重，而且大多数时间都是在高温的夏天进行，工作环境比较艰苦。由于长时间加班加点的户外浮标保养工作，让原本健硕的黄罗轩变得又黑又瘦。

在同事眼里，黄罗轩是一位不辞辛苦、舍小我为大我的人，只要一提起她，大家都齐刷刷地竖起大拇指，交口称赞。有的同事说："浮标桩内的温度很高，但是她一待就是好几个小时，直到把整个灯桩保养完毕，期间只喝一点矿泉水，吃几口面包，真是太辛苦了！"

黄罗轩工作中虽然很能干，但是她从来不蛮干，她这样总结自己的工作经验："在工作中，蛮干是不行的，必须巧干！"在业务上，黄罗轩经常会和技术熟练的同事在一起交流，然后结合自己的工作经验，经常提出一些建设性的构想。为了解决浮标海上印字的困难，黄罗轩通过反复研究试验，终于想出了解决之道，她用磁铁吸附的方式，圆满地解决了固定字模的问题，使航标大保养任务得以保质保量地完成。

此外，她还设计发明了装沙箱，成功地把同事们从高强度的工作中解脱出来，并极大地提高了工作效率。

正因为黄罗轩在工作中出色的表现，2010年，她被评为"湛江市三八红旗手"，2011年，又荣获"广东省三八红旗手"。

可见，要想开创工作新局面，获得更大的成绩，除了发扬"老黄牛"精神，坚持实干外，还必须做到巧干。巧干需要总结工作方法、工作技巧、工作艺术。巧干不是与生俱来的，它是基于对某项工作、某件事情的深刻认识和把握，是实干的升华，更是实干的必然归宿。

我们作为员工，只有在工作中认认真真、踏踏实实、尽心尽责，实干加巧干，最后才能在为企业创造财富的同时，实现自己的人生价值。

成功=创新+实干

2014年6月9日,习近平总书记在中国科学院第十七次院士大会和中国工程院第十二次院士大会开幕会上指出:我国科技发展的方向就是创新、创新、再创新。

大到一个国家,小到一个企业乃至个人,要想获得更长远的发展,就必须不断创新。只有创新才能推动社会进步;只有创新才能不断增强企业的竞争力;只有创新才能改进自身的不足,不断获得进步,这也恰好与习近平总书记所强调的"创新、创新、再创新"不谋而合。

有这样一个现代版"三个和尚"的故事同样说明了创新的重要性。

有三个寺院里都没有水井,寺院里的和尚平时只能去一条离寺院比较远的小河挑水吃。时间一长，三个寺院的和尚都因轮流挑水累得苦不堪言，因此开始试着想一个更为省力、轻松的挑水方法。

第一个寺院的三个和尚经过一番商量，想出了一个接力挑水法，即：第一个和尚从河边挑至半路，然后交给第二个和尚，第二个和尚再挑一段路程，交给第三个和尚并由他把水倒入水缸，然后把空桶传回去再接着挑水。这种挑水方法能从早到晚不断地挑，三个和尚都有时间得到休息，也不会太累，而且更重要的是，可以很快就把水缸挑满水。这是协作的办法，可以叫"机制创新"。

第二个寺院，住持找来三个徒弟，告诉他们说："为了保证寺院每天都能用到水，我定了一个规矩。每天你们三个人都要去挑水，谁挑得最多，晚饭就能多加一道菜；谁挑得最少，只能吃白米饭和咸菜。"三个和尚拼命去挑，一会儿水缸就挑满了。这个办法叫"管理创新"。

第三个寺院，三个和尚觉得天天挑水太累，得想个办法。他们砍了一些竹子，然后连接在一起，做成了一条运水的管道，然后买了一个辘轳。第一个和尚把一桶水摇上去，第二个和尚专管倒水，第三个和尚在地上休息。三个人轮流换班，一会儿水缸就满了。这就叫"技术创新"。

故事中的三个和尚，如果没有机制创新、管理创新、技术创新，仅仅通过三个和尚轮流挑水，不仅累得够呛而且效率也不高，挑到最后可能会怨气冲天，甚至是直接甩手不干。而通过一系列的创新后，不仅降低了三个和尚的劳动强度，也使得挑水效率得到了极大的提升，更重要的是，他们在合作中增进了感情，形成了一个凝聚力较强的团队。

　　由此可见，不论对于一个组织还是对于个人来说，创新都有着不可替代的作用。尤其对于员工来说，要想获得成功，就必须在勤奋苦干的基础上学会创新。这两者相互依存，缺一不可，如果一味勤奋苦干，最后有可能像没有创新之前的和尚一样，不仅取得不了多大成就，而且也可能让自己陷入疲于奔命的状态；如果一味谈创新而不去落实，那么即使创意再好，也只能是空谈一场。

　　英国有一个小镇，每年都需要挖几口井，因为每挖一口井用不了多久就会枯竭。这样的情况持续了几年，直到最后不论怎么挖都挖不出水的时候，小镇居民彻底失望了，没有水源就意味着无法存活。

　　为了解决小镇的用水问题，镇长决定聘请一位送水工，并开出了相当优厚的待遇。很快一个名叫保罗的小伙子从众多应征者中脱颖而出，成为该小镇历史上第一位送水工人。

　　保罗是个非常务实的人，刚签完合同他就开着一辆运水车奔向一处湖泊，用桶汲水，直到装满运水车，然后返回小镇将水注入蓄水池。就这样，保罗需要每天来来回回跑很多次，工作虽然辛苦，但他从来没有抱怨过。

很快，保罗的付出就得到了回报，他拿到了一笔很高的薪水，因此他的干劲更足了。一次，在运水途中，疲惫的保罗忽然想到，这么工作下去迟早要把自己累垮的，用什么方法既能赚到钱，又比较轻松呢？

为了这个问题，保罗思索了很久。直到有一天，他忽然想到，如果自己能为小镇搭建一条输水管道，然后向小镇居民收取一定费用，这样既能赚到钱还不用付出太多高强度的劳动，更重要的是，一劳永逸地为小镇解决了用水问题，岂不是一举两得。

保罗为自己这个伟大的想法激动不已，并马上付诸行动。他首先说服了镇长，然后将这项计划做成一份商业书，带着它四处寻找投资人。通过数月的奔波，保罗拜访了近百位有意向的投资者，终于打动了一位投资者。这位投资者不仅投给保罗一笔资金，还帮他组建了一支建筑队伍。

保罗带着资金和建筑队伍回到了小镇，开始搭建输水管道。通过一年的努力，终于接通了从小镇通往湖泊的大容量的不锈钢管道。水管能够每天24小时不间断地为小镇提供用水，水质更好，而且价格合理，小镇居民自然十分乐意地接受了。

然而，大获成功的保罗并没有就此止步，而是向其他存在用水问题的小镇推销他的快速、大容量、低成本、卫生的送水系统。这样一来，他不仅解决了许多小镇的用水问题，而且自己也赚得盆丰钵满，成为当地有名的企业家。

故事中的保罗既是一个实干家又是一个愿意创新的人，也正是如此，才造就了他的事业。试想，如果保罗当初安于现状，不进一步去创新，虽然凭借勤奋也能拿到丰厚的薪水，但他的事业也就此止步，不会有更大的发展了。

纵观那些成功的企业家，无不是集实干与创新于一身，他们在工作中不断摸索、积累经验，用实干落实创新，用创新引导实干，从而使企业由小做大，由弱变强，成为行业中的佼佼者。而要想保证能够创新、成功创新，前提是需要在实干中不断学习。

对于成功而言，具备苦干、实干的精神固然重要，但在当今创新社会中，单凭这些素质就想获得成功已经变得越来越难了。

大量的事实证明，不论是创业还是工作，只有通过不断学习创新才能得到不断发展，只知埋头苦干的人只能获取较小的成功。所以在工作过程中，我们应该将实干与创新结合起来，努力让自己的付出与成果对等起来，如此才算是取得真正意义上的大成功。

只有在勤奋苦干中不断思考、不断总结，抓住迸发出的灵感及时创新，这样才有可能获得成功，成为真正的优秀船员。

掌握最常用的5种创新方法

作为一个公司员工，你所在的工作岗位基本脱离不了产品、技术和服务三个层面的工作内容。同样地，你所面对的创新活动也主要是指产品创新、技术创新和服务创新这三个方面。

我们在进行创新活动时，只要掌握最常用的5种创新方法，就可以根据实际情况采用不同的方法进行创新。

其一，集思广益法。

集思广益法也称头脑风暴法，是智力激励法的一种。其基本做法是：让一组人利用开会讨论的形式，围绕主持人所提出的问题畅所欲言，谈出自己的意见和建议，然后将与会人员对问题的看法、建议等聚集起来，从中找出解决问题的最好办法。这种方法对于促进发展创造有一定的效果。据悉，日本松下电器公司使用这种方法，在1995年曾获得58项专利，降低成本达120亿日元。

头脑风暴法多半是产生低风险（很没有开拓性）、未经发展的（不成熟的）又需表决的想法。因此，在运用时须遵循一定的规则：

·每次解决的问题必须是清楚的，没有理解上的差别，并要将欲解决的问题写在醒目的位置上，使大家的联想能集中目标。

·小组人数应以3~7人为宜，每个问题的讨论时间应在15~45分钟。小组成员的专业分布是不均匀的，但文化层次应尽量相同，以便于彼此激励。

·会议主持人应熟悉集思广益法的要领，并通晓它的原则。

·把所有人的设想都记录下来，其记录结果能被大家所认可。

·每个问题应找到50~100个观点，并使这些观点能有机地相联系。

·在会议停顿一分钟后，再也没有新建议、新观点提出时，会议活动应宣告结束。

其二，默写式智力激励法。

默写式激励法也称为"6-3-5"法，因为它由6个人组成而且要求每人在5分钟提出3种解决问题的建议和设想。其实际过程如下：

首先，发给小组中每人一份表格，其格式如表7-1。

表7-1 默写式智力激励法

顺序号	方案a	方案b	方案c
1	1a	1b	1c
2	2a	2b	2c
3	3a	3b	3c
4	4a	4b	4c
5	5a	5b	5c
6	6a	6b	6c

当会议主持人宣布议题后，在第一个5分钟内，每人将提出的3个方案设想写入表中第一行，之后将表格传给右邻到会者；在第二个5分钟内，每个人从别人的3个设想中得到新的启发，在表的第二行内填入新的3个设想；之后将表格再传给右邻。这样的交换表格重复进行5次，直到每张表最后一行被填满，填表才结束。表格交换时间间隔为3~5分钟，6个人同步进行。

这样会议结束后，小组中的6个成员可想出108种解决问题的方法，从中总能筛选出几种富于创造性的想法。

可是这种方法也有一定的不足，通过该程序所得的方法往往未经周密思考，实施起来可能不大符合实际，而且时间限制太紧，也在一定程度上限制了人们思维的发散。

其三，形态结构分析法。

形态结构分析法是最著名的创新方法。它就是将问题按一定的次序或特征性质分解成一个个小问题，对单个问题分别找出解决的可能性，将每个小问题和解决问题的可能性纳入一个新的模式，形成一个形态学结构。需要解决的问题，可在模式里进行选择，并通过最佳组合，将问题创造性地解决。

其实际程序可举例说明，如要设计出一种汽车玩具，采用此法就要经过如下程序：

①用集思广益法开展活动，征集众多的建议。小组成员来自方方面面，具有代表性。

②将各种建议进行分类。如按汽车玩具的特征进行分类，分为模拟功能、材料、动力操纵、颜色和价格五种，并将其组成形态结构表，如表7-2所示。

③根据市场需求，从表7-2中提出组合的可能方案。如设计一种带警灯的、带遥控的、组合颜色的汽车玩具，从表中可排列组合出多种方案，根据需要，从中确定最佳方案。

表7-2 设计汽车玩具的形态结构表

类别＼特征	解决问题的可能性			
模拟功能	公共汽车	客货两用	带警灯的	有音响的
动力操纵	惯性	干电池	带遥控	带声控
材料	铁皮	塑料	铸造铝	不锈钢
颜色	黑色	红色	乳白色	组合色
价格/元	10	20	30	40

其四，逆向思维法。

逆向思维法就是不使用传统的思维方式，即从已有事物的反面出发来引导创新，是创新过程中常用的方法。具体实施时，分两步进行：

第一步，它要求人们从相反的角度看待事物，将思维转动180度来提出问题、建议或措施；

第二步，针对第一步提出的问题和措施，找出相应的解决问题的方式或办法。

操作时，每一步均要求利用集思广益法开展活动，针对讨论的问题，征集大量的建议或措施。

其五，联想法。

联想法是一种通过联想活动以求创新的方法，联想是创新活动的心理中介，通过联想可以产生认识上的飞跃，使人们出现创造性的灵感，以助于创造的成功。

联想实际上是对头脑中已有的各种表象的一种重组，在思维中把割断了联系的，甚至风马牛不相及的事物重新联系起来。因而，这样的联想一旦产生，就必然形成幻想。

其实，只要善于动脑筋，就能得到有益的启示，特别是碰到一些有趣的现象或意外情况，更不要轻易放过它。要能灵活地变换思考角度，运用相似联想不断转换思路，发现不同事物的相似点，就能实现创造。如人们设计圆珠笔时，一般的方法是收集现有的不同质地、不同式样的圆珠笔，进行分析比较，取其精华、避其不足，由此设计出一种新型的圆珠笔。

联想法则不同，它要求我们另辟蹊径，不依赖现有的各式各样的圆珠笔，而是选择另外一种物品，如"水杯"做参照物，进行联想。

首先，对水杯的不同特点进行归纳：水杯有各种各样的形状，用不同的材料制成，有透明的、不透明的，有的水杯外表有各种花纹，杯体和杯盖颜色和谐搭配，有的杯体外边套一段胶皮，既可防烫手，又可防脱手等。

然后，将水杯和圆珠笔进行联想，从水杯的不同特点出发，进行思维发散，设计出新型的圆珠笔。笔杆有不同的颜色，笔杆上可有各种图案；笔杆用透明材料制作，使人能看到圆珠笔芯中油墨的多少；在手握笔杆部位加上防滑的塑料套等。这种圆珠笔经过与参照物联想，产品独特、美观，是一种创新产品。

爱因斯坦说得好："想象力比知识更重要，因为知识是有限的，而想象力概括着世界上的一切，推动着进步，并且是知识进化的源泉。"其实大多数科学家都是从科学假设搞出发明的，而科学假设又开始于科学幻想。有人说："每一种假说都是想象力发挥作用的产物。"此言不假。

任何创新的第一步，都是借助想象力而开始的。很难想象，一个没有想象力的人，能在工作上取得创新。鉴于此，人们渐渐接受了这样一种观点：知识是力量，但不是最具决定性的力量，想象力才是最根本的力量。而老板对具有较强想象力、创新力的员工是非常认同和看重的。

创新是突破原有的框架，要想创新，就必须有敢于深入事物本质的创造性思维能力。思想创新的关键是勇于并善于探索，思想创新的核心在于善于发现问题、提出问题、解决问题。

作为一个优秀员工，这些都需要掌握并创造性地运用于工作中。

第八章

乘风破浪，拒绝拖沓：赢在执行，贵在到位

任何借口都是在推卸责任

一次性把工作做到位

赢在开局：起跑决定后程

拖延：令船翻人亡的恶习

管理好时间，才能管理好你的船

任何借口都是在推卸责任

　　一个人对待生活、工作的态度是决定他能否做好事情的关键，首先改变一下自己的心态，这是最重要的！很多人在工作中寻找各种各样的借口来为遇到的问题开脱，并且养成了习惯，这是很危险的。美国成功学家格兰特纳说过这样一段话：如果你有自己系鞋带的能力，你就有上天摘星的机会！

　　在我们日常生活中，常听到各种各样的借口：上班晚了，会有"路上堵车""闹钟不准时"的借口；做生意赔了更有借口；工作、学习落后了也有借口……不管什么原因，总能找出借口。久而久之，就会形成这样一种局面：每个人都试图寻找借口来掩盖自己的过失，推卸自己本应承担的责任。

　　我们经常听到的借口主要有以下几种类型：

①他们做决定时根本不理我说的话，所以这个不应当是我的责任。（不愿承担责任）

②这几个星期我很忙，我尽快做。（拖延）

③我们以前从没那么做过，这不是我们这里的做事方式。（缺乏创新精神）

④我从没受过适当的培训来干这项工作。（不称职、缺少责任感）

⑤我们从没想赶上竞争对手，在许多方面他们都超出我们一大截。（悲观态度）

不愿承担责任，拖延，缺乏创新精神，不称职，缺少责任感，悲观态度，看看吧，那些看似冠冕堂皇的借口背后隐藏着多么可怕的东西啊！你要经常问自己：

◇你热爱目前的工作吗？

◇你在周一早晨是否和周五早晨一样精神振奋？

◇你和同事、朋友之间相处融洽吗？

◇他们是你一起工作、一起游乐的伙伴吗？

◇你对收入满意吗？

◇你敬佩上司和理解公司的企业文化吗？

◇你每晚是否带着满足的成就感下班回家，又同时热切地准备迎接新的一天、新的挑战、新的刺激以及各种不同的新事物？

◇你是否对公司的产品和服务引以为豪？

◇你觉得工作稳定、受器重并有升迁的机会吗？

◇你个人的生活如何，圆满吗？

只要你对以上任何一个问题，回答中有一个"是"字，那就说明：你"可以"热爱你的工作。这是第一步。你可以把日子过得新奇而惬意，因为生活充满各种机会和选择。但是，你绝对没有时间尝试所有新鲜刺激的事。因为要满足你的愿望，我们得先从"你"开始。你一定要先了解自己的特点、长处，以及有哪些事是你能轻松自如就做得利落漂亮的。但记住，你不必为了做到这一点再回到学校去，或者在你的生活上做"剧烈的变动"，甚至卷铺盖走人。符合内心需求的工作就是最合适的工作。需求是一种力量、一种渴望、一种热情。

你可能在有意识或无意识中感觉到它的存在。每个人的生命都有一道中心轨迹，循着这道轨迹走，你就会满足。需求会随着年龄的增长而改变。年轻时，追求的可能是光荣、显耀的日子，渴望独立，或者在一个彼此毫无芥蒂并能够集思广益的团队里工作。然而，目前的工作不能提供这些条件，你只好在周末和朋友尽情玩乐纵酒以弥补心灵的空虚。可是往往无效，到了周一，你就会像个泄了气的皮球。

事情往往是这样，出现问题不是积极、主动地加以解决，而是千方百计地寻找借口，致使工作无绩效，业务荒废。借口也就变成了一面挡箭牌，事情一旦办砸了，就能找出一些冠冕堂皇的借口，以换得他人的理解和原谅。找到借口的好处是能把自己的过失掩盖掉，心理上得到暂时的平衡。但长此以往，因为有各种各样的借口可找，人就会疏于努力，不再想方设法争取成功，而把大量时间和精力放在寻找一个合适的借口上。任何借口都是推卸责任。在责任和借口之间，选择责任还是选择借口，体现了一个人的生活和工作态度，消极的事物总是拖积极事物的后腿。

当然，有了问题，特别是难以解决的问题，可能让你懊恼万分。这时候，有一个基本原则可用，而且永远适用，这个原则非常简单，就是永远不放弃，永远不为自己找借口。

有一组漫画：

在一片水洼里，一只面目狰狞的水鸟正在吞噬一只青蛙。青蛙的头部和大半个身体都被水鸟吞进了嘴里，只剩下一双无力的乱蹬的腿。可是出人意料的是，青蛙却将前爪从水鸟的嘴里挣脱出来，猛然间死死地箍住水鸟细长的脖子……

漫画讲述了这样一个道理：无论什么时候，都不要放弃。

不要放弃，不要寻找任何借口为自己开脱，努力寻找解决问题的办法，这是最有效的工作原则。我们都看到过这类不幸的事实：很多有目标、有理想的人，他们工作，他们奋斗，他们用心去想、去做……但是由于过程太过艰难，他们越来越倦怠、泄气，终于半途而废。到后来他们会发现，如果他们能再坚持久一点，如果他们能看得更远一点，他们就会终得正果。

请记住：永远不要绝望；就是绝望了，也要再努力，从绝望中寻找希望。成为积极还是消极的人，在于你自己的抉择。没有人与生俱来就会表现出好的态度或不好的态度，你自己可以决定要以何种态度看待环境和人生。

即使面临各种困境，你仍然可以选择用积极的态度去面对眼前的挫折。

保持一颗积极、绝不轻易放弃的心，尽量发掘你周遭人或事物最好的一面，并从中寻求正面的看法，让自己有向前走的力量。即使终究还是失败了，也能吸取教训，把这次的失败视为朝向目标前进的踏脚石，而不要让借口成为你成功路上的绊脚石。

下面是一则让人感动的故事，请阅读它并记在心里，也请你讲给那些生活中不时为自己寻找借口的人。

在一个漆黑、凉爽的夜晚，地点是墨西哥市，坦桑尼亚的奥运马拉松选手艾克瓦里吃力地跑进了奥运体育场，他是最后一名抵达终点的选手。

这场比赛的优胜者早就领了奖杯，庆祝胜利的典礼也早已经结束，因此艾克瓦里一个人孤零零地抵达体育场时，整个体育场已经几乎空无一人。艾克瓦里的双腿沾满血污，绑着绷带，他努力地绕完体育场一圈，跑到了终点。在体育场的一个角落，享誉国际的纪录片制作人格林斯潘远远看着这一切。接着，在好奇心的驱使下，格林斯潘走了过去，问艾克瓦里，为什么要这么吃力地跑至终点。

这位来自坦桑尼亚的年轻人轻声地回答说："我的国家从两万多公里之外送我来这里，不是叫我在这场比赛中起跑的，而是派我来完成这场比赛的。"

借口总是乘虚而入的，找借口是世界上最容易办到的事情之一，因为找到很多的借口可以去自我安慰。但是如果你的内心足够坚强，你对成功充满欲望，你懂得奋斗并把工作作为生命中的事业，那么借口是无法进入你的身体的。

一次性把工作做到位

职场中，我们或许会见到这样的情形：某位同事颇有实干精神，但是经常会出现工作返工的情况。究其原因，其实也很简单，就是没有把工作一次性做到位。

工作中，如果因时间仓促或者其他原因，不能一次把事情做好，难免会心存愧疚，继而坐卧不安，生怕工作会出现什么新的问题。如此一来，自然很难集中精力投入新的工作当中，如果长此以往，自信心也必然会受到打击。而如果能把工作一次性做到位，不仅能收获一定的成就感，而且也会迎来新的机会。

在美国华盛顿一条繁华的街道上，一位中年男士每天都能看到一位年轻的环卫工人清扫街道。他工作十分卖力，凡是扫过的区域，异常干净，没有留下任何一点垃圾。

一天，环卫工人像往常一样认真又卖力地清扫街道的时候，中年男士来到他的身边，微笑着做自我介绍说，他的家就住在这条街道的尽头，而且还由衷地赞叹道："你打扫的街道是我走过最干净的街道！"

环卫工人说："谢谢。我只是一次性把工作做到位。"

中年男士微笑着点了点头，然后与环卫工人告别。接下来的几天里，环卫工人的话一直萦绕在中年男士的脑海中，越回味越觉得环卫工人是个可塑之才，于是他做了一个决定。

几天后，环卫工人意外地接到当地一家非常有名的销售公司的聘书。环卫工人惊喜交加，询问自己凭什么得到这个机会。送聘书的工作人员简单做了解释，环卫工人这才恍然大悟。

原来，几天前与环卫工人有过一面之缘的那位中年男士正是这家销售公司的老板。当时的交谈虽然简短，但该老板十分欣赏环卫工人的工作态度，于是决定聘请他来公司做销售员。

该老板果然没有看错人。环卫工人进入公司以后，任劳任怨，不论做什么工作，都做得非常到位，很少出现差错。仅仅一年，环卫工人就成为公司的销售明星，销售业绩居全公司第一。又过了几年，他凭借自己的努力，进入了公司管理层。在他的带领和影响下，公司每年的业绩都会持续稳步增长。

职场中，很多员工如果一直没有得到升职加薪的机会，就会抱怨公司不公平。其实，所有的机会都是自己争取来的，正如案例中的环卫工人一样，只要把工作做到位，机会总有一天会主动来临。

第一次就把工作做对、做好、做到位，是一个良好的习惯，不仅能节省大量时间、财力和物力，而且还能避免走弯路。在工作时，哪怕我们第一次多花一点时间、多用一些精力，一次性把工作做到位，就能避免许多麻烦。然而，在实际工作中，依然有很多人不能一次性把工作做到位，即使面对最简单的工作，也会出现各种差错。

李子谦是一家广告公司的员工，不论做什么工作，都不能一步到位，每次总要留个小尾巴，为此没少挨老板的批评。每次挨批评的时候，李子谦都会信誓旦旦地保证下次一定把工作做到位。然而对于自己的保证，他转身就忘，根本就没放在心上。

一次，李子谦在为客户制作宣传广告的时候，不小心错输了客户联系电话中的一个数字。当他把宣传单交给客户时，客户因急于开产品发布会，也没有仔细检查就接收了。一直到产品发布会结束后，客户随意翻看宣传单的时候，突然发现联系电话中错了一个数字，而此时宣传单已经派发出了1万多份。

宣传单的作用之一就是将商家的联系方式告知广大消费者，方便他们咨询或者商谈合作事宜。如果联系电话出现了错误，无形中就会损失大量潜在消费者和客户。为此，客户大发雷霆，要求广告公司巨额赔偿。

李子谦得知自己闯了这么大的祸，早就吓得六神无主，不知道该怎么办才好了。老板见他这般模样，也顾不得与他计较，马上组织员工进行补救措施，同时他自己亲自出马与客户协商赔偿事宜。通过多方努力，客户对广告公司的补救措施还算满意，最后只拿了一小部分的赔偿。

事情虽然过去了，李子谦却一直放不下这件事情，心里充满了负罪感，最后选择了离职。

一次没有执行到位，不但会因此而浪费时间不断去补救，严重的话，甚至还可能会将公司击垮。案例中的李子谦在工作时如果能够更认真一些，一次把工作做到位，就完全能够避免悲情的结局。

或许有人会认为，第一次没做好没关系，还有下一次。确实，第一次没做到位，下次可以接着做，但是这样既浪费时间又浪费精力。如果出现的问题严重，我们也许永远没有下一次机会去做补救措施了。

所以，如果能把工作做到位的观念内化在心中，并时刻提醒自己去执行，不仅于己有利，也能避免给他人带来麻烦，是双赢之举。

赢在开局：起跑决定后程

2014年2月28日，习近平总书记在主持召开中央全面深化改革领导小组第二次会议时发表重要讲话指出："全面完成党的十八届三中全会确定的改革任务还有7年时间。起跑决定后程。今年工作抓得怎么样，对起好步、开好局意义重大。要把抓落实作为推进改革工作的重点，真抓实干，蹄疾步稳，务求实效。"

在田径赛场上，运动员起跑的快慢往往会关系成败。一些平时表现非常优秀、有望拿到冠军的运动员，有时候也会因为起跑稍慢而与冠军失之交臂。所以，对于运动员来说，起跑的快慢是非常重要的，甚至可以说，一步失误，步步失误，一步落后，步步落后。

同理，工作也是如此，正如习近平总书记所强调的一样，起跑决定后程。工作中，一个员工接到任务之后，如果不能马上落实，很可能会像起跑慢了的运动员一样，影响到结果。对于富有实干精神的员工来说，立即行动是他们工作的座右铭。他们深知，接到一项任务后，行动越快，越能一鼓作气地完成任务。不可否认的是，有时候行动快并不意味着结果完美，但如果不采取行动，绝无满意的结果可言。

王文龙是一所普通大学的学生，大学一毕业，在其他同学忙着投简历找工作的时候，他就已经被一家大公司录取，年薪10万元。对此，同学们十分好奇，同在一个班上课，也是同样的老师讲课，王文龙有什么能力能获得那家大公司的青睐呢？

其实，王文龙的同学有这样的想法是并不了解他的具体生活。据王文龙的室友说，王文龙能有今天，与他平时想做一件事情就立即去做是分不开的，是他自己争取的，也是他应得的。原来，在大学期间，当同学们整天忙着打游戏、逛街、谈恋爱的时候，王文龙就一个人泡在图书馆，不断提高自己的专业能力和水平。那时候，他就在那家公司开始兼职了，尽管薪水不高，可王文龙把这次兼职当成一次锻炼的机会，工作十分卖力，也做出了不少成绩，从而引起公司老板的注意，并决定等王文龙一毕业，就正式聘用他。

正式参加工作后，王文龙更是全身心地投入工作，一遇到问题马上就去解决，因此一些老员工争着与他合作。有一次，公司想与外地的一个大客户达成合作，但一直未能如愿。原因是这个客户实力雄厚，想与其合作的公司很多。客户也很慎重，一直在考虑到底该和哪家公司达成合作。这天，老板得到消息说，那位客户有可能这两天要来这边考察，便要求王文龙抽时间去关注一下这件事情。

王文龙深知这个客户对公司的重要性，不敢马虎，马上到客户可能入住的酒店门口等候。没想到的是，王文龙刚到这家酒店不久，那位客户竟然到了。王文龙又惊又喜，马上主动上前打招呼。客户十分惊奇地问："我这次来这儿没有提前通知任何人，你怎么知道我今天要来？"

王文龙说："其实我并不知道您什么时候来，只是接到上级布置的任务之后，马上执行罢了"。那位客户听后，心头一震，当即表态说："贵公司不是想和我达成合作吗？你执行力这么强，我相信贵公司的执行力也不会差到哪里去的。我决定停止对其他公司的考察，直接与你们公司签署合作协议。"

合作协议顺利签署后，老板十分高兴，认为王文龙是个难得的愿意实干的员工，值得委以重任。以后凡是遇到一些难题，他都会让王文龙去解决，意在让他得到更多的锻炼。

通过这个案例，不难看出，立即行动不仅能及时完成工作，还有可能迎来新的机会。而且，接到任务立即去执行，本身就是一个良好的开端，它会不断地激发我们的潜力，让我们完成一项又一项挑战，从而获得巨大的成就感。在职场中，有许多员工因为各种原因，没能及时行动去解决问题，结果耽误了时间，从而错失了成功的机会。

翟炳林现在经营着一家公司,全体员工没有一个混日子的,个个都是实干派,因此公司的生意做得风生水起,整体效益也非常不错。翟炳林之所以能有今天,是与当年那段痛苦的经历分不开的。

十几年前,翟炳林还是一家进出口贸易公司的员工,工作努力认真,深得老板的信任。一次,老板收到一份外国客户的咨询单,希望采购一批加宽加厚床上用品的套件,用于旗下连锁超市零售。这是老板一直希望达成合作的客户,因此把这个任务交给了他最信任的翟炳林。

当时正是中午时分,翟炳林正准备马上回复客户,可是同事却邀请他一起吃午饭,再加之他也饥肠辘辘,就有些松懈了,想着等吃完饭再回复客户。可等他吃完饭后,同事却遇到了一件紧急事情需要他帮忙。等忙完一切之后,翟炳林这才想起回复客户的事情,他马上联系制造商进行安排,定制样品。等一切准备好后,翟炳林再次联系客户时,却被告知别的公司更早一步提交了样品和报价,人家也比较满意,所以很快就与对方签了合同并下了订单。

翟炳林又急又气,他失态地冲客户大声理论:"不是明明说好等我们提交样品和价格的吗?为什么说变卦就变卦?你知道我们生产样品需要花多少成本吗?"

面对怒不可遏的翟炳林,客户不仅没有被激怒,反而十分平静地告诉他:"商场如战场。我们等不到你们的回复,就会视作你们主动放弃,因为多等一天,对于我们也意味着损失。如果换作贵公司,贵公司难道不会这么做吗?更何况我们只是有合作意向,还没有真正签署合同，所以我们有权利这么做。"说完就挂了电话。

　　翟炳林握着话筒愣住了，久久没有说话。当他把这件事情报告老板之后，老板虽然没有责怪他，但老板失望的眼神他一辈子也不会忘记。

　　几年后，翟炳林拥有了自己的公司，每次在新员工欢迎大会上，他都会把当年这段经历讲述一遍，意在提醒员工，立即行动对工作的意义。在他的言传身教下，公司的员工争做行动派，一接到任务马上就去落实，很少有人会犯和翟炳林同样的错误。

　　看得出来，案例中的翟炳林颇有实干精神，也正因为如此，他才能得到老板的倚重。然而可惜的是，意外的事情让他的工作没有立即落实，从而使公司最终错失了一位重要的客户。如果他因帮同事而无法抽身，可以变通一下，请其他同事代劳，最后由他把关，这样就有可能避免后来的结果。

　　虽然这件事情是翟炳林无心所为，但却给我们敲了一次警钟：如果没有在事情开局前就做到立即行动、快速起跑，那可能从一开始就注定了结局。

拖延：令船翻人亡的恶习

职场中，我们或许经常听到身边的同事这样说："这项工作太简单了，明天一上午我就可以完成，今天不着急。"或者也有人这样说："这个项目的完成期限不是一个月吗？不用那么紧张，晚一两天开始做也不算晚。"

这些话乍听起来似乎很有道理，其实不然，因为你永远无法评估因为你的拖延给整个团队带来多大的损失。工作中，如果需要你打一个电话给客户，但由于拖延的习惯，你没有打这个电话，你的工作可能因这个电话而延误，你的公司也可能因这个电话而蒙受损失。更糟糕的是，如果你的思想还停留在消极拖延的状态，你根本不会意识到由此给公司造成的损失。

林晓燕是一家公司的广告策划人员，她什么都好，就是工作上有些拖拖拉拉。

周一上班，老板就让她写一份产品介绍会的报告，完成时间是一周，下周周一必须完成。老板还特意强调了这次会议的重要性，说到时候会有很多重要客户参加，并一再告诉林晓燕这个材料有一定的难度，务必多方查询资料，这样才能写出完美的报告。

林晓燕的拖延习惯已经深入骨髓，面对这样重大的工作，不仅没有压力，而且还理所当然地认为时间充足，慢慢来。刚一下班，林晓燕就以最快的速度冲向自己为了瘦身而乐此不疲的瑜伽馆。

当天晚上，林晓燕一直到很晚才回家，又累又乏，匆匆洗漱了一把就休息了。结果因睡得太晚没有休息好，第二天整整一天都是浑浑噩噩的，自然也就难以集中精力工作了。她觉得今天状态不好，还不如等休息好了再工作，于是整整一天什么都没有干。

就这样，每天都会有各种"意外"导致林晓燕没能真正开始工作，材料一直拖到最后期限的一晚，她才着急起来。林晓燕拿起厚厚一叠资料一看顿时觉得头大起来，但是因为时间紧迫，她不得不硬着头皮继续消化这些资料。一直到早上7点，她才勉强完成了报告，但里面的一些数据之类的重要信息实在来不及去核实，便匆忙去上班了。

在会议上，老板看着这份漏洞百出的介绍公司产品的资料，气得脸色铁青。而客户看到这份材料之后，更是大失所望，认为公司没有合作的诚意，要不然介绍产品的材料为何会写得这么潦草。

见事情被自己亲手搞砸的林晓燕，当场掉下了眼泪。而老板这次也没有了往日的好脾气，直接把她调岗到次要级别部门。

职场中，有很多像林晓燕一样的人，工作没有紧迫感，不到最后一刻绝不着急。而越是如此，越容易出现错误。毕竟世界上没有一步就能到位的事情，任何工作都是由一个个小的步骤组成，一旦拖延就会造成时间紧迫，最后不得不像林晓燕一样省略一些步骤，工作成果不言自明。

在美国一所大学里，有一个姑娘十分活跃，经常参加学校举办的一些活动。在一次演讲比赛中，她激昂地向所有人宣告了自己的梦想——大学毕业后，成为纽约百老汇中一名优秀演员。

一位十分看重这位姑娘的心理学老师当时也在演讲现场。演讲比赛结束后，她找到这位姑娘并问她："你今天去百老汇跟毕业后去有什么差别？"

姑娘想了想说："是呀，如果我一直待在学校里，肯定没有机会进入百老汇。我决定再过一年就去百老汇闯荡。"

老师又问："你现在去和一年以后去有什么区别？"

姑娘又想了想说："对啊，是没有什么不同，我为什么要等到一年以后呢？我决定了，下学期就出发。"

"你下学期去和现在去有什么不一样吗？"老师再次问道。

姑娘脑海里顿时浮现出百老汇金碧辉煌的舞台，以及那只在睡梦中才会出现的红色舞鞋。于是，她说："我决定下个月就出发！"

"一个月以后去和今天去就会不一样吗？"

姑娘有些激动地说："给我一个星期的准备时间，下个星期我就出发！"

"一个星期后去和今天去有什么差别吗？"

老师一连串的追问彻底激发了这位姑娘对梦想的炽热之情，她大声说："我明天就出发！"

老师这才满意地点了点头说："一味拖延，永远也实现不了梦想。机票我已经帮你订好了，你明天就可以出发了。"

第二天一大早，这位姑娘带着简单的行李奔赴闻名世界的艺术殿堂——百老汇。当时，百老汇准备排演一个经典剧目，面向全国招聘优秀演员。大量的艺术家闻讯赶来，都想抓住这个机会成就自己。因此，竞争也十分激烈。

这位姑娘经过一番周折，终于从一位工作人员手里拿到了要排演的剧本。每天，她都把自己关在屋子里，刻苦地排练。正式面试那天，姑娘用真挚的感情和出色的表演打动了挑剔的制片人，这场完美的表演为她赢得了出演那场戏女主角的机会。

就这样，姑娘终于如愿以偿地进入了她梦寐以求的百老汇，如愿地穿上了红舞鞋。如今的她，已经是百老汇非常有名的演员，她就是安东尼·吉娜。

如果安东尼·吉娜也像第一个案例中的林晓燕一样，找各种借口拖延，那么也就很难实现自己的梦想。正如时间管理专家皮尔斯所说："不要以为拖拖拉拉的习惯是无伤大局的，它是个能使你的抱负落空、破坏你的幸福、甚至夺去你生命的恶棍。"

拖延是人们害怕面对难题的一种自欺欺人的表现，它使我们所有的美好理想变成幻想，使我们丢失今天而永远生活在"明天"的等待之中。

事实情况是，没有什么比无休止地拖延一件没有做完的工作更加令人感到疲劳。因为应做而未做的工作不断给他压迫感。"若无闲事挂心头，便是人间好时节"，拖延者心头不空，因而常感时间压力。拖延并不能省下时间和精力，刚好相反，它使你心力交瘁，疲于奔命，不仅于事无补，反而白白浪费了宝贵时间。

做一个优秀的员工，就要养成遇事马上做的习惯。遇事马上做，不仅能克服拖延的习惯，而且能占"笨鸟先飞"的先机。久而久之，必然培育出当机立断的大智大勇。

如果我们能早一些时间完成工作，我们就可以得到安稳的休息。每做完一件小事，都会增强我们的信心。哲学家塞涅卡说："时间的最大损失是拖延、期待和依赖将来。"时间是水，你就是水上的船，你怎样对待时间，时间就怎样沉浮你。

管理好时间，才能管理好你的船

我国著名数学家华罗庚曾在一篇谈及成功经验的文章《述怀》中写道："即使能活一百年，也不过三万六千五百二十四日而已。而今已过四分之三，怎能胡乱轻抛，何况还有老病无能未计，若细算，有效的工作日，在两千天以内矣。"

每个人的一生，除去童稚无知和老弱生病等时日，真正有效的工作时间也不过一万天。每个人都流失了很多时间，我们现在不妨开始计算一下，自己还有多少天有效的工作时间呢？

假如你想在工作中脱颖而出，就必须认清时间的价值，认真计划，抓紧做每一件事。这是每一个人只要肯做就能做到的，也是一个职场中人走向成功的必由之路。如果你连时间都管理不好，那么，你也就不要奢望自己能做好其他任何事，更不要奢望能在公司里升职加薪。

时间对于每个人来说都是有限的，要想在有限的时间内完成更多的工作，就要注重工作效率，这就要求我们要有效利用一切时间。员工保持高效率工作是每个企业都非常看重的一点，这也是每个员工必须具备的能力。但是，在职场上并没有多少人能真正做到高效率工作。工作效率低的人一般只有时间观念，而没有效率观念。要想把工作做到位，我们不仅要考虑时间，还应该特别关注时间的使用效率。

有个部门经理患心脏病，按照医生的嘱咐每天工作不超过5个小时。他惊讶地发现，他在5个小时里所做的工作质量，和以往每天花费8到9个小时甚至是更长时间所做的工作效果几乎相差无几。经过反思，他给出了这样的解释：由于工作时间被压缩，迫于无奈，他只能不断告诫自己，要在有限时间里处理完今天的工作。这或许就是他提升工作效率的主要原因之一。

很多人在工作中之所以没有效率，除去拖延之外，很大一部分原因是因为没有做好计划。所谓计划就是挑选时间、规定节律，使一切都各得其所。计划的复杂性在于如何安排一天的时间，用掉的时间应该与所做的工作相称。也就是说，占用的时间既不能太少，也不能太多。只有这样才能让自己的工作高效起来。

柳比歇夫是前苏联著名的昆虫学家，他一生中发表了70多部学术著作，写了12500张打字稿的论文，内容涉及昆虫学、科学史、农业遗传学、植物保护、进化论、哲学等许多领域。但是，他每天仍有10个小时的睡眠时间，还经常参加体育锻炼和娱乐活动以及各种社会活动。表面上看，他并不吝啬时间，其实他是一个极端"吝啬"时间的人。

从26岁开始，柳比歇夫就开始采用"时间统计法"，他把每分钟、每小时自己干了些什么，时间用得是否恰当，都进行了统计记载，就像吝啬的小商人核算成本一样核算自己的时间，一直到82岁高龄，50多年从来没有间断过。他日有小结，月有大结，年有总结，每项工作都要计算统计时间的"成本"。正是由于制定了严格的时间表并认真实施，柳比歇夫在科研工作中实现了高效率，收获了硕果累累。

一个人在工作中如果不能把时间进行合理的计划和安排，那么他就会被工作追着跑，整天看似忙得团团转，其实工作效率也没有高到哪里去。那么，怎样才能更好地利用一切时间，把握好工作的每一分钟呢？我们需要做到以下几点：

①根除自己的拖拉习惯。

其实对付拖延的方法很多。譬如为了准时赴约，拨快你的手表；定出完成的期限，让不紧急的事变得紧急；建立回馈制度，告诉自己尽快地完成工作，就给自己奖励；先做困难的，再做容易的，就会感到先苦后甘，渐入佳境；或是安排一个人，定期监督自己的工作进度，以防止拖延。

②排除一切外界的干扰。

拒绝无聊和聚会，有所不为才能有所为，你要砍掉一切不必要的聚会。频繁的宴请，大量的聚会，不仅增加你的经济负担，也耽误你不少时间。可以说，你参加这些聚会所花费的时间和你所获得的信息总是不等值的。

③养成良好的工作习惯，人为地"创造"时间。

想好以后再打电话。如果涉及的项目很多，可以写下来，依次解决。为了避免在电话里啰嗦，按照记录次序进行，这样可以最大限度地减少麻烦，节省时间。

④定期整理文件夹和办公抽屉，丢掉或卖掉多余的东西，以避免杂乱。

⑤选择非高峰时间购物、吃饭或去银行。

⑥储存一些不会坏的日用品，节省购物时间。

⑦找出处理每一件事情的最佳方式。

打电话、寄信，还是亲自拜访，选择最有效率的一种。

另外，你还要掌握以下的时间管理法：

第一步：分清轻重缓急，设定优先级。

职场成功人士都是以分清主次的办法来统筹时间，把时间用在最有"生产力"的地方。你可以列出你要完成的工作任务清单，在每个任务后面标上分数，最重要的标为100分，最不重要的标为0分，然后再看看你现在在每件事情投入的时间是多少，按照工作任务的轻重缓急来安排时间，给必须做的、最高回报的任务安排足够的时间。以工作的重要性优先排序，并坚持这个原则去做，你将会发现，再没有其他办法比按重要性办事更能有效利用时间了。

第二步：列出你一周内必须要做的事情，并在这些事情后面也根据重要性评定好分数，把这一张清单和你的总体任务清单比较一下，看一看这一周做的事情与你的总体任务是不是相符。

第三步：把浪费时间的事情找出来，合理调整你的计划。

第四步：休息、娱乐的时间也要列入计划。

第五步：列出日计划。每天清晨或前一天晚上列出那一天要做的事情。这些事情也要评定分数，列出轻重缓急，做到珍惜今天，今日事，今日毕。

第六步：设定完成期限。有期限才有紧迫感，也才能珍惜时间。设定期限，是时间管理的重要标志。

第七步：遇事马上做，现在就做，并且要一次做好，次次做好。第一次没做好，同时也浪费了没做好事情的时间，返工的浪费最冤。

第八步：停止和奖励。如果工作让你很厌烦的话，就停下手头的工作，安静地一个人沉思一会儿，等到想继续工作为止。这也许是五分钟，也许是一小时。每当你完成工作时，给自己一些奖励。

这几步时间管理法很简单，要想有好的效果，就看你怎么坚持了。

一个会管理时间的人，才是会真正工作的人，才能真正意义上管理好自己的平台、自己的船。